(Extrait du **Messager de Toulouse**.)

PROMENADE EN QUERCI

PAR

ÉTIENNE VIGÉ

TOULOUSE
TYPOGRAPHIE RIVES ET FAGET
1868

*A Son Excellence le Maréchal Vaillant,
ministre de la Maison de l'Empereur et
des Beaux-arts.
hommage très respectueux de l'auteur.*

PROMENADE EN QUERCI

Il y a un an environ, commodément installé, comme en un wagon de première classe, au rez-de-chaussée de ce journal, je pris avec mes lecteurs la voie pittoresque qui, par monts et par vaux, mène de Toulouse à Roc-Amadour. Je comptai avec eux les vingt-huit tunnels, les ponts, les tranchées, les viaducs, les courbes, les rampes semés à profusion sur cette route étrange par le génie moderne, fils audacieux de Prométhée, qui semble avoir relevé le défi jeté à l'homme par une nature jusqu'alors indomptée, et fait une merveilleuse application des paroles d'Isaïe : *Omnis vallis implebitur, et omnis mons et collis humiliabitur* : toute vallée sera remplie, toute montagne et toute colline sera abaissée.

Après une course vertigineuse de deux cents kilomètres, j'atteignis Gramat, gracieusement posé sur un des plans supérieurs du stérile plateau du Lot, comme une oasis dans le désert, ou comme un rayon d'espérance dans la morne solitude de l'exil. Laissant alors la vapeur impatiente se diriger sur ses ailes de feu vers Montvalent, coin oublié du Paradis, vallon fortuné que la voie de fer contourne complaisamment et quitte à regret, je m'arrêtai avec mes lecteurs, à qui je m'étais proposé de faire connaître l'oratoire fameux dont quatorze siècles de vénération ont accru la célébrité.

Seulement, devenu l'hôte d'une famille du pays, toute faite de bienveillance et de générosité, et dirigé dans mon excursion par un guide expérimenté, je visitai, chemin faisant, quelques uns des sites étranges de cette contrée pleine de mystère, où la nature, avec un parti-pris singulier, semble avoir fouillé le sol pour y graver en creux tout ce qu'ailleurs elle a détaché en vigoureuses saillies, en prodigieux reliefs. C'est ainsi que mes lecteurs et moi, heureux convives du plaisir, passant d'une sensation inattendue à une impression nouvelle, nous arrivâmes à Roc-Amadour, attaché aux flancs d'un monstrueux rocher comme une incrustation marine ou plutôt comme un nain grimpé sur les épaules d'un géant pour voir l'immense horizon et mesurer du regard la profondeur de l'abîme creusé sous lui.

J'essayai de peindre ce tableau prestigieux, sans pinceaux ni couleurs, il est vrai, sans posséder aucun des éléments de l'art glorieux de Zeuxis et d'Apelle, avec la plume modeste du touriste attentif et du narrateur fidèle. Tel qu'il parut dans ce journal, le récit de mon excursion de vingt-quatre heures dans le département du Lot surexcita le patriotisme de M. Victor Alayrac, mon *cicerone* et mon ami. Il y répondit par une lettre pleine d'excellentes choses, que j'assimile pour l'ardeur et la foi au chant de la *Marseillaise*, et que l'extrait suivant suffira à faire connaître à mes lecteurs, en même temps qu'il leur en laissera pressentir toutes les conséquences :

« Dans votre.... étude sur notre pays, vous témoignez
» avec raison le regret de n'avoir pas pu l'étendre jus-
» qu'à la Dordogne. Hé bien ! je me charge de vous y
» conduire, moi, et par des chemins dont les écoliers
» se délecteraient. Qui dit touriste dit un peu écolier :
» le vagabondage est chose si friande pour tous les
» deux !

» Je crois vous avoir dit que la ligne de fer du Pour-
» nel à Roc-Amadour est la ligne limite entre le Causse
» et le Limargue. (Le Causse est le côté stérile du

» département du Lot, le Limargue en est la partie
» féconde.) Je tiens à vous montrer le Limargue, — les
» seize crevasses où se perd le ruisseau de Thémines,
» les vastes prairies de Lavergne et de Bio, le bassin
» de Miers, le trou de Padirac, la cascade du Toire, le
» légendaire castelet de Montal, les tours de Saint-
» Jean, le château-fort de Castelneau, l'abbaye de
» Carennac, l'île de Calypso, et enfin les immenses
» plaines de la Dordogne, qu'on peut supposer admirées
» si jalousement par les sombres falaises et les crêtes
» nues qui se penchent sur elles.

» Venez, vous dis-je, venez... »

Je puis assurer mes lecteurs que la situation du dernier des Horaces en face des trois Curiaces ne fut ni plus embarrassée ni plus perplexe que la mienne, devant une invitation faite en termes si pressants et si alléchants. Il se produisit tout à coup à mes yeux comme un éblouissant mirage à travers lequel je vis passer, embellis de toutes les couleurs du prisme, les sites merveilleux, bizarres ou grandioses si complaisamment énumérés par l'enthousiaste enfant du Quercy.

Que voulait-on que je fisse contre de si puissantes sollicitations ? Je ne parle pas d'Eve dont la funeste curiosité nous perdit ; mais Eloa elle-même, l'héroïne aimée d'Alfred de Vigny, malgré ses ailes d'ange et sa vertu de séraphin, eût été infailliblement vaincue par une séduction si habilement préparée. Aussi, me persuadant qu'il était écrit que je succomberais à la tentation, avec le fatalisme d'un Turc, je ne fis pas même le moindre effort pour lui résister. Dix mois durant, je nourris le projet d'échapper quarante-huit heures à cette froide réalité de la vie qui nous enveloppe et nous étreint, et de retourner voir ce département du Lot trop peu exploré, que je croyais déjà connaître et que cependant, les révélations de M. Alayrac en faisaient foi, j'avais à peine entrevu.

Telles sont, lecteurs, les causes et les origines de ma promenade dans le Querci. Si j'entreprends aujourd'hui d'en raconter les divers incidents c'est moins, croyez-le bien, pour vous occuper de mes plaisirs dont, avec raison, vous vous souciez fort peu, qu'afin de faire naître en vous, avec un ardent amour de la grande nature inspiratrice des nobles sentiments et des mâles vertus, le vif désir de connaître une des plus curieuses contrées de notre belle France qui, du Nord au Midi, de l'Est au Couchant, résume en elle tous les attraits, toutes les séductions. Si j'obtenais ce résultat, bien ambitieux, je le reconnais, plus heureux que Titus lorsqu'il n'avait pas perdu sa journée, je compterais pour rien les appréhensions et les inquiétudes qui m'assaillent toutes les fois que j'ambitionne le périlleux honneur d'occuper vos loisirs et de vous faire oublier le temps.

Au reste, si vous voulez explorer, sans presque vous déranger, ce Querci d'un pittoresque si singulier et si imprévu, pour vous l'occasion naîtra d'elle-même. Quand je dis d'*elle-même*, je parle d'une *génération* moins *spontanée* que celle dont M. Joly, notre savant hétérogéniste, s'est fait l'éloquent défenseur. Je m'explique. Gramat est sur la route qui, par Saint-Sulpice et Figeac, va de Toulouse à Paris. Les nombreux trains *sans plaisir* qui, cette année, ont emporté la moitié peut-être de mes concitoyens vers la glorieuse Babylone devenue pendant quelques mois la métropole du monde, ont sillonné bien souvent le plateau calcaire où Gramat dort son sommeil dix fois séculaire, rideau jaloux qui cache derrière ses voiles de granit toutes les splendeurs de l'Eden. Il est donc aisé à qui se dirige sur Paris de s'arrêter quelques heures, ou quelques jours, au centre de ce désert de pierre, pour rayonner de là vers les points d'un cercle magique, éclairés des lueurs fantastiques de la Légende, qui surprend moins encore l'imagination que les lieux dont elle perpétue les souvenirs ne commandent l'admiration ou n'étonnent le regard.

Ainsi ai-je fait moi-même, il y a environ trois mois.

Je venais de m'enfermer pendant quinze jours au milieu de cette affirmation prodigieuse du génie de l'homme si justement qualifiée d'*universelle*. J'avais vu passer devant moi comme dans un songe pénible, tant les lobes de mon cerveau en étaient restés affectés, chaque membre de la grande famille humaine avec ses mœurs, ses costumes, sa physionomie nationale, son industrie, ses richesses natives ou acquises, en un mot, avec toutes les manifestations de sa vie intime et sociale. Je m'étais longtemps promené au milieu de ces habitations souterraines ou aériennes du *Jardin réservé* et de ces palais du *Parc*, déjà entrevus par l'imagination éblouissante des conteurs arabes, et qu'une fée, évoquée par la volontée d'un puissant souverain, avait transportés en quelques jours, de sa baguette magique, dans la solitude d'un champ de manœuvres. La Chinoise, aux yeux bridés et au regard atone, m'avait offert son thé authentique; la Japonaise, vêtue de soie, la petite pipe où se fume l'opium; l'Egyptien, ses bijoux de filigrane d'or; l'Arabe, accroupi dans son immobilité traditionnelle, ses corbeilles de joncs si ingénieusement tressés. J'étais allé, croyant rêver, du temple d'Edfou, copie exacte de l'œuvre des Pharaons, au caravansérail, sur les murs duquel le soleil découpait la silhouette de deux dromadaires du désert; des catacombes romaines à l'isba russe; de la hutte du Samoïde au palais mexicain; du gigantesque phare métallique à la maison chinoise; de la mosquée turque à la chapelle catholique; du somptueux Bardo de Tunis au riche pavillon de l'Empereur. J'avais étudié les goûts, les instincts, les préjugés et les passions de chaque peuple dans ses marbres et ses tableaux. Je m'étais absorbé dans la contemplation muette et profonde des œuvres miraculeuses enfantées par la science et l'industrie dans un inexprimable hymen. J'avais tout vu, tout comparé, tout admiré, pas assez longuement peut-être, dans les mille sentiers de ce labyrinthe colossal élevé à la gloire de l'homme, et au fronton duquel on eût pu justement écrire en lettres d'or l'ambitieuse devise de Fouquet : *Quo non ascendam* : où ne monterai-je pas ? J'éprouvais le besoin de me reposer du spectacle inouï du travail humain par le spectacle plus calme et plus imposant encore de l'œuvre de Dieu. Je voulais revoir la montagne nue, la grotte mystérieuse, le vallon fleuri, le ruisseau caché dans les saules, l'oiseau léger. Il me semblait qu'en me retrouvant seul dans la nature, j'échapperais plus aisément à la fascination de l'homme et me préserverais ainsi, et seulement ainsi, de l'immense orgueil qui perdit Satan.

Je revins à Gramat, où m'attendait l'hôte bienveillant qui m'avait révélé le Querci, l'année précédente. Dans mon impatience de respirer à pleins poumons l'air vif et rude de la montagne, je me levai avant le soleil et descendis rapidement les pentes abruptes qui conduisent au bord de l'Alzou. Je saluai comme une vieille connaissance ce petit ruisseau, si utile dans sa modestie, dont les cascatelles en creusant le vallon font tourner tous les moulins de la contrée, et qui représente, pour les habitants, cette Providence divine à laquelle ils demandent chaque jour, selon la formule, leur pain quotidien.

Je savais qu'à deux ou trois kilomètres de Gramat on avait dû, pour ouvrir un passage à la voie de fer, jeter un viaduc sur l'étroite et profonde vallée où l'Alzou promène ses eaux tranquilles, et je voulais voir de près, en tête-à-tête, si je l'ose dire, ce gigantesque travail, dans la sauvage majesté que devait lui prêter, à cette heure matinale, le silence et l'isolement. Sans connaître les lieux où je me trouvais, et guidé dans ma course solitaire par la curiosité du touriste, je longeai le cours de l'Alzou, que je suivis dans tous ses caprices ; je franchis les nombreux obstacles semés sur mon chemin par l'action du temps ou la main des hommes ; et, après une marche embarrassée et pénible de trois quarts d'heure, traversant le ruisseau, à califourchon sur une solive branlante, placée là sans doute par le meunier voisin pour faire passer ses chèvres d'une rive à l'autre, j'allai, sans lever les yeux, prendre la place que je m'étais réservée à l'avance, juste dans l'axe de l'arche centrale du viaduc.

Comment vous le cacherais-je, à vous, lecteurs, que j'ai faits mes compagnons de route et mes confidents? J'aime les émotions puissantes qu'éveille dans l'âme la vue de toute œuvre vraiment grande, qu'elle soit signée de l'homme ou de Dieu, je les recherche avec passion et j'en prépare les éléments avec le soin jaloux de l'avare accumulant ses trésors devant lui pour les couver du regard et en accroître la possession. Cela vous explique pourquoi je ne voulus pas, en approchant du viaduc, juger de l'effet qu'il devait produire dans la perspective en le regardant; j'attendis d'être arrivé sur lui, ou plutôt sous lui, afin d'être saisi à la fois par le spectacle de toute sa masse et de ressentir en même temps une sensation et plus entière et plus vive.

Je vous l'avoue, avec la franchise et la modestie dont la nature m'a doué : mes prévisions se réalisèrent si complétement que Machiavel lui-même en eût été fier, s'il eût su appliquer à ses combinaisons politiques mon ingénieux procédé. Je levai la tête et, par un effet d'optique qui triompha de ma raison, je crus un instant que la voûte de l'arche colossale, aussi élevée que le dernier degré de l'échelle de Jacob, se baignait dans l'azur et touchait le ciel. Il fallut qu'une volée de hiboux attardés dans leur excursion nocturne et fuyant les premières lueurs de l'aube vînt réformer l'illusion de ma vue en coupant les lignes de l'horizon au-dessus de ma tête et en détachant le faîte du viaduc du plan lumineux qui le couronnait.

Du reste, lecteurs, je vous fais les juges du saisissement et de l'admiration qui durent s'emparer de moi à l'aspect des magnifiques proportions de l'œuvre que je contemplais. Le viaduc de *Picarel*, dont le nom est emprunté au rustique moulin qui peuple cette solitude, a sept arceaux de vingt mètres d'ouverture ; et son arcade centrale, sous laquelle je m'étais placé, comme ses deux plus proches voisines, ses sœurs jumelles, a *trente-trois* mètres d'élévation au dessus des eaux de l'Alzou ; les quatre autres, par couple de chaque côté, se soudent si intimement, à moitié hauteur des piliers, aux parois calcaires du ravin, qu'elles paraissent surgir des flancs mêmes de la montagne.

Trente-trois mètres d'élévation ! deux fois et plus la hauteur de la riche façade de notre vieux Capitole ! A cette vue, par un privilège d'ubiquité que malheureusement elle possède à l'exclusion de mon corps, ma pensée fut ramenée, en même temps, sous l'arche gracieuse et hardie du *pont de l'Impératrice*, qui domine de ses cent pieds de haut le cours du Gave à Saint-Sauveur, et sous l'arc triomphal de l'*Etoile*, racontant aux générations, en des pages indestructibles, sur ses quatre faces de granit, la merveilleuse épopée des campagnes du peuple-roi.

Malgré son élévation, ou peut-être à cause d'elle, le viaduc de la vallée de l'Alzou est d'une élégance et d'une légèreté vraiment aériennes. Sans un effort de ma raison, j'aurais craint qu'une nouvelle violence du vent du nord, qui soufflait par rafales au moment où je regardais l'œuvre géante, ne la couchât dans le ravin, comme le souffle d'un enfant mutin fait crouler un château de cartes. Rien de plus svelte, de plus élancé, de plus détaché du sol, en apparence, que les courbes gracieuses de ses cintres et les lignes harmonieuses de son architecture, dont la hardiesse égale la simplicité. On dirait un travail d'Hercule, mais d'Hercule jouant avec des blocs de pierre pour tromper les ennuis d'Omphale.

D'ailleurs, il faut bien le reconnaître et l'avouer : chaque fois qu'il apporte l'œuvre de ses mains dans des lieux où la nature bouleversée a éprouvé la colère latente et mystérieuse des éléments, l'homme, quelque effort qu'il fasse, paraît fourmi. Ses monuments les plus fameux par leur structure et leurs proportions ne semblent tels que grâce à l'exiguïté des constructions qui les avoisinent et qu'ils écrasent de leur masse orgueilleuse. Placez le nouvel Opéra de Paris, Saint-Pierre de Rome, les Pyramides d'Egypte elles-mêmes, au pied du Mont-Blanc ou de l'Himalaya : le curieux qui saura les distinguer du haut de ces cimes, croira voir d'ingénieux joujoux d'enfants, fragiles comme la matière, mais sublimes comme la pensée.

Ce n'est, il est vrai, ni un demi-dieu ni un géant qui a édifié le magnifique viaduc que l'on voit à quelques kilomètres de Gramat. Ce n'est pas même un des premiers, par le rang du moins, dans l'art prodigieux et difficile des constructions que l'industrie des chemins de fer sème sur sa route comme une fée répandant des fleurs. L'architecte qui en a conçu et exécuté le plan est, m'a-t-on dit, un de ces obscurs pionniers de la science désignés sous le titre vague et indéterminé de *conducteurs*, véritables parias du génie civil, à qui la terre promise où règnent seuls les ingénieurs devait rester à jamais fermée, grâce à la composition et aux exigences d'un programme de concours que le théoricien le mieux versé dans ses matières eût redouté d'affronter ou que, du moins, il n'eût osé se promettre d'enlever d'assaut en une seule journée. Heureusement, une récente circulaire de M. de Forcade La Roquette aura pour effet utile de faire disparaître bientôt cette inégalité choquante dans nos mœurs publiques ; elle consacre une fois encore les grands principes qui assurent à chacun le prix de ses œuvres, pour la plus grande gloire du nouveau ministre des travaux publics, et le plus grand profit de ces laborieux et modestes praticiens qui ont contribué, dans une si large part, avec leurs chefs immédiats, à faire de la France entière un musée de travaux géants et de merveilles d'art.

Mais le soleil, dont les flots joyeux inondent tout à coup la plate forme du viaduc, m'arrache à mon admiration en me rappelant l'heure où doit commencer la grande excursion qui remplira si bien cette mémorable journée. Une rude gymnastique, capable de stimuler l'appétit le plus paresseux ou le plus rebelle, m'aide à regagner le plateau à travers les roches presque perpendiculaires qui tapissent le flanc du ravin, et cent mètres plus loin je découvre la route douce et commode qui, en dix minutes, me laisse aux portes de Gramat.

Après une réflection dont les fatigues de la première heure ne me permettent pas de contester l'utilité, mon guide et moi nous franchissons la partie âpre et aride de la commune au pas rapide des chevaux de mon hôte, qui en diraient plus long que moi sur la contrée qui les nourrit si, depuis douze ans qu'ils y promènent des touristes, ils avaient, comme l'âne de Balaam, des yeux pour voir et une langue pour parler. Déjà le *Causse* stérile et maudit fuit derrière nous et fait place aux riantes vallées de Gramat, de Lavergne et de Bio qui, semblables aux trois Grâces de l'antiquité, se donnent fraternellement la main et étalent, l'espace de cinq kilomètres, leur longue robe verte parsemée de fleurs. Rien ne caresse et n'émeut doucement les sens comme le premier sourire de la nature et l'image d'une aimable fécondité, succédant sans transition aux tons grisâtres et durs du plateau calcaire qui refuse obstinément, depuis la création de l'homme, le plus léger aliment à la plus humble des graminées. S'il m'est permis toutefois de mêler le plaisant au sévère en m'autorisant du précepte de Boileau, j'ajouterai que l'une des trois sœurs ne justifie pas aussi bien que les deux autres le nom gracieux qui les fait aimer. Une énorme bosse, ou pour parler sans métaphore, un cône régulier mesurant 190 mètres de circonférence et 12 mètres de hauteur, se dresse inopinément au beau milieu de la prairie de Gramat, dissimulant sa difformité sous une riche parure de gazon.

Ce qui constitue la singularité de ce petit monticule, compliquant d'une façon si pittoresque et si imprévue la topographie des lieux, c'est moins encore, peut-être, la régularité de ses lignes, qui se détachent du plan de la vallée avec une netteté et une précision pour ainsi dire géométriques, que la forme excentrique qu'il affecte et la *Légende* qui s'y est attachée. Gardez-vous, lecteurs, du froid dédain et du sourire affecté du sceptique, en voyant apparaître cette reine bienfaisante et débonnaire qui, dans cette contrée encore ignorée du touriste, ne règne sur les esprits que pour les séduire et les charmer et qui a ici autant de sujets que d'habitants, autant de palais que de grottes et de précipices, autant de trônes que de hautes cimes, autant de majesté que les grands aspects de ses collines et de ses vallées. La légende est à l'histoire ce que le sentiment est à la raison ; ce qu'elle semble obscurcir, elle l'éclaire ; ce qu'elle touche elle l'embellit ; à l'évocation de ses héros, la nature tressaille comme si, dans un nouvel enfantement, elle allait rendre à la vie ces fantômes du passé ; elle est la poésie et le charme de lieux que, sans son secours, l'oubli eût envahi de ses tristes ombres ; comme les rochers s'animaient aux accords divins de la lyre d'Orphée, le donjon solitaire, le manoir en ruines, la gorge mystérieuse, le gouffre menaçant soulèvent le poids des siècles qui pèse sur eux et se repeuplent de souvenirs et de bruit chaque fois que la légende, de sa parole magique, éveille leurs puissants échos.

Il ne faudrait pas croire, d'ailleurs, que la foi à ces traditions poétiques et merveilleuses dont tous les peuples ont religieusement gardé le dépôt fût toujours l'apanage exclusif des déshérités de l'esprit. Pline le naturaliste et Pomponius Méla le géographe n'étaient pas deux sots ; eh bien, l'un et l'autre racontent gravement que le Querci, dont le nom n'est pas dérivé du mot latin *quercus* « chêne », comme l'ont prétendu quelques étymologistes malavisés, mais du mot celtique *craeu* ou *crau*, qui signifie « pierre, caillou, » fut aussi appelé *campi lapidei* « champ des lapidés, » en souvenir du traitement qu'y infligea Hercule à Bergion et Albion, fils de Neptune et ses deux cousins en Jupiter.

Tandis que le glorieux fils d'Alcmène se promenait sans défiance de ce côté, à la recherche sans doute d'un de ces monstres dont il purgea la terre, comme chacun sait, il se vit assaillir tout à coup par Albion et Bergion, qui lui avaient lâchement tendu un guet-apens, comme ferait le plus vulgaire bandit dans un chemin creux ou au coin d'un bois. Et notez qu'Hercule était désarmé. Il faut vous dire, pour l'intelligence de ce qui suit, que Jupiter, dont on a compté les enfants naturels par douzaines jusqu'au jour où on ne les compta plus, avait une prédilection toute particulière, une préférence marquée pour celui qu'il avait eu d'Alcmène, et dont les exploits fameux flattaient énormément son amour-propre de père et de dieu. Or, Jupiter, du haut de l'Olympe, voyait tout ce qui se passait en Querci et le péril qui menaçait son fils bien-aimé. Dans cette conjoncture grave et délicate, il vint à l'esprit du dieu des dieux une idée lumineuse, comme toutes celles, du reste, que devait élaborer éternellement son cerveau divin. Le maître du tonnerre fit tomber sur le Querci une pluie de pierres et de rochers dont cette contrée est restée couverte depuis ce temps-là; et Hercule, s'armant aussitôt de ces projectiles si providentiellement placés sous sa main, *fit merveille* et lapida littéralement ses deux agresseurs.

Ceux qui n'ajouteraient pas une foi entière et aveugle à cette très véridique légende, que quelques esprits forts, j'en suis sûr, traiteront irrévérencieusement de conte bleu, auront à répondre de leur incrédulité devant Pline et Pomponius Méla, à qui je les livre. Qu'ils se défendent comme ils le pourront, et que l'épreuve leur soit légère : je m'en lave les mains.

Cette digression, loin de nous faire perdre de vue l'énorme cône gazonné de Gramat, nous en a singulièrement rapprochés; et je n'aurais plus qu'à vous faire connaître le mot propre — qui ne l'est pas — par lequel une tradition bizarre, extravagante l'a désigné, pour vous édifier complétement à son endroit. Malheureusement, il m'est très difficile de vous présenter la vérité sans fard, et d'oublier que le Français n'a pas le privilége du latin, qui « dans les mots brave l'honnêteté. » Je sais bien que Victor Hugo, venant ici et racontant plus tard ce qu'il aurait vu et entendu, ne se ferait pas plus scrupule de vous révéler ce que je vous cache qu'il n'en a éprouvé à écrire tout au court le mot énergique et trop bien senti de Cambronne. Mais je n'ai ni l'immense autorité du talent, ni la liberté d'allures du grand poète ; et je suis bien obligé, par un excès de réserve que ne s'expliquerait pas à coup sûr l'indigène sans malice de Gramat, de biaiser un peu et de vous décrire la chose en vous laissant deviner le nom.

Les premiers habitants qui s'établirent dans cette contrée, où la nature fantasque a composé tous ses sites de lignes plus capricieuses que régulières, pensèrent, avec raison, que la grande artiste n'avait pu s'astreindre à dresser sur un plan si sage et si sobre la figure géométrique si curieusement posée dans la prairie de Gramat. Ils y virent l'œuvre d'un homme — pas l'œuvre de ses mains, au contraire — et, tenant compte des proportions colossales du monticule, ils firent de cet homme un géant.

Ce géant, nous le connaissons tous : c'est Gargantua, dont la généalogie nous a été pieusement conservée par Rabelais, son historiographe. « Grandgousier, bon raillard en son temps, aimant à boire net... espousa en son aage virile Gargamelle, fille du roy des Parpaillos, belle gouge et de bonne troigne. » De ce mariage fameux « issit » Gargantua, qui passa sa vie à « s'esbaudir en des folâtreries joyeuses et gaudisseries perpétuelles, toujours rigollant, toujours se gabelant, toujours beuvant, d'autant à un chascun. »

Le joyeux curé de Meudon, tour à tour franciscain, bénédictin, médecin, et, mieux que tout cela, *franc épicurien*, dresse ainsi l'acte de naissance du formidable glouton, et nous donne en même temps la bizarre étymologie d'un nom devenu célèbre : « Gargantua, soudain qu'il fut né (il vint au monde par l'oreille « senestre » de sa mère), à haute voix s'escria : A boire, à boire, à boire ! comme invitant tout le monde à boire, si bien qu'il fut ouy de tout le pays de Beusse et de Bibarais. Le bonhomme Grandgousier, beuvant et rigollant avec les autres, entendit le cry horrible que son filz avoit fait entrant en lumière de ce monde, quand il brasmait demandant : A boire, à boire, à boire ! dont il dist : que GRAND TU AS le gousier. Ce que oyans, les assistants dirent que vrayment il devait avoir par ce le nom *Gargantua*, puisque telle avoit esté la première parole de son père à sa naissance, à l'imitation et exemple des anciens Hébreux. »

Pendant son allaitement, le vorace nouveau-né épuisa la fécondité — c'est Rabelais qui donne ces chiffres, ce n'est pas moi — de dix-sept mille neuf cent treize vaches du Pautillé et de Bréhémond. Sa mère n'y suffit pas quoique, à chascune fois que l'enfant prenait son sein il y puisât « quatorze cens deux pipes et neuf potées de laict » réconfortant et substantiel. Vous devinez ce que fut l'appétit de Gargantua parvenu à « l'asge virile. » Pour le stimuler seulement, en vertu de l'axiome qu'il mit le premier en crédit « l'appétit vient en mangeant et la soif s'en va en beuvant, » le géant commençait son repas par « quelques douzaines de jambons, de langues fumées, d'andouilles et autres avant-coureurs de vin », buvant à petits coups, pour ne pas faire mentir le proverbe « petite pluie abat grand vent; » mais toujours sec, et ne laissant guère en repos la coupe et le broc.

Je n'entrerai pas dans le détail des quatorze services qui paraissaient un instant sur la table du fils de Grandgousier pour disparaître aussitôt dans « l'horrifique » capacité de son estomac. Je n'ajouterai qu'un trait qui vous paraîtra caractéristique. Six pèlerins qu'avait effrayés l'arrivée du géant s'étant cachés dans un plat de salade posé devant lui, Gargantua les avala en même temps que la laitue et la chicorée, sans même se douter de leur présence et n'en fut pas le moins du monde incommodé. C'est du reste le sublime mangeur qui répondit à son maître de philosophie en manière d'exercice d'esprit : « Le grand Dieu a fait les planètes et nous faisons les platz netz. »

Vous vous doutez bien, lecteurs, surtout si vous êtes déjà convaincus qu'entre les faits et leurs conséquences il y a toujours étroite et exacte corrélation, que les digestions de ce glouton insatiable devaient être fort laborieuses et leur résultat formidable. Or, un jour que Gargantua parcourait les riantes prairies de Gramat, y cueillant des marguerites pour les offrir à la noble fiancée qui devait bientôt lui donner Pantagruel, survint pour lui un *cas* difficile. Comme le fils de Grandgousier, d'après les ordres de son père, voyageait et courait le monde pour compléter son éducation, l'esprit orné d'une foule de souvenirs classiques, il se rappela à ce moment la belle attitude que Charés, l'élève glorieux de l'immortel Lysippe, avait donnée à sa merveilleuse statue d'Apollon, devenue le *colosse de Rhodes*, qui enjambait fièrement le port de cette ville célèbre. Par esprit d'imitation sans doute, Gargantua posa un de ses pieds sur *Séguala*, l'autre sur *Terrou*, deux buttes qui enferment et encadrent la belle vallée de Gramat, et, se recueillant un instant, sans le moindre effort, par le simple et naturel effet de sa volonté, il créa l'Alzou qui arrose la contrée depuis ce jour-là, tandis qu'au-dessous de lui s'élevait rapidement le monticule que vous savez et dont l'inépuisable fécondité n'a jamais étonné personne.

Je croirais volontiers à l'authenticité du fait relaté dans cette légende suffisamment gazée, je l'espère, « *honni soit qui mal y pense,* » d'autant que ce fait, s'il n'est pas vrai, me paraît prodigieusement vraisemblable ; mais l'histoire est là, jalouse des beautés dont resplendit et s'illumine la fiction, qui vient me donner, avec la brutalité de l'observation et de la logique, une explication que je ne lui demandais pas. Aussi peu crédule que la science, dont les inquiètes investigations déconcertent la foi, éteignent l'imagination, étouffent sous leurs froids calculs les chaudes émotions du cœur, l'histoire ne croit ni aux géants, ni aux dieux, ni aux diables quand elle est en face de faits concrets et de phénomènes naturels. Si elle s'incline comme sa sœur devant le dogme de l'existence d'un esprit supérieur, puissance créatrice et conservatrice, qui est le grand moteur du monde physique comme elle est l'âme du monde moral, elle n'admet pas, la muse prosaïque et bourgeoise, qu'à côté de cette Cause Première et en dehors de son action, aucune intervention merveilleuse ait pu jamais modifier les lois immuables qui régissent l'univers créé, ni surtout commander aux relations de l'homme avec le monde extérieur. Les Lares protecteurs du foyer, le Génie de la montagne, la Fée de la source, le Gnome des ruines, le Nain de la forêt, sont pour elle comme s'ils n'étaient pas. A ses yeux, le monticule de Gramat n'est pas plus le produit du *cas* de Gargantua qu'il ne l'est du *Cas de M. Guérin*. Grâce à son influence pernicieuse, l'Olympe s'est dépeuplée, l'idéal s'est envolé sur ses ailes d'azur vers des régions plus hospitalières, et il n'est resté sur cette pauvre terre que la Réalité froide, nue, il est vrai, comme la vérité, mais aussi vertueuse et aussi intraitable qu'elle.

Comment en un plomb vil l'or pur s'est-il changé !

Et ce qui m'afflige, lecteurs, ce qui me désespère même, c'est que l'histoire a raison. Elle a posé sa main profane, pourquoi ne dirais-je pas sacrilége ? sur le cône gazonné qui avait appartenu jusqu'alors à Gargantua par droit de dépôt, et en fouillant froidement jusqu'au plus profond de ses entrailles, elle a découvert... devinez quoi ? Les restes hypogés de races disparues ; des poteries, des monnaies, des armes gauloises ; quelques fragments de bijoux antiques ; des dents de bœuf et de cheval ; les dépouilles fossiles de ces animaux domestiques; des cercueils de pierre posés côte à côte, au fond desquels des squelettes de trente siècles croyaient sans doute avoir trouvé le repos éternel.

La légende, cette fois, n'était que l'écho lointain et affaibli de l'histoire. Cette butte de terre artificielle, qui n'est autre chose qu'une *tombelle* gauloise, — le *tumulus* des Latins, — et dont la tradition faisait justement une œuvre humaine, ne consacre pas, il est vrai, aux yeux de l'histoire, le souvenir du géant allégorique qu'anima Rabelais du souffle de son génie ; mais elle devait perpétuer la mémoire d'un guerrier fameux, comme les Pyramides de Memphis rappellent au monde le passage à travers les siècles des fastueux Pharaons.

Cette forte race des *Gaëls* ou Gaulois qui, dans ses migrations successives, quittant les plateaux de la Haute-Asie, berceau du genre humain, vint, il y a plus de trois mille ans, peupler les montagnes et les forêts de la Gaule a laissé dans le département du Lot des témoignages indestructibles de ses mœurs et de son génie. Aux environs de Gramat seulement, plus de vingt monuments funéraires attestent les exploits et l'autorité des *brenns* ou chefs de ces fiers barbares, dont l'empire s'étendit un jour de la *verte Erin* aux colonnes d'Hercule, des bords de l'Océan aux rivages du Pont-Euxin, et auxquels il n'a manqué, pour immortaliser leur puissance et leur gloire, qu'un Tacite ou un Thucidide.

Sous le gigantesque *tumulus*, grossièrement modelé par ces hommes primitifs sur les formes naïves de la nature, le *brenn* redouté, victorieux jusque dans la tombe, était enseveli avec les trophées de son triomphe, ses armes, ses chevaux, ses trésors ; parfois avec les *dévoués* qui consentaient, vivants, à le suivre dans un monde nouveau ; et il dormait son dernier sommeil à côté du crâne de son ennemi vaincu, si la mort lui avait refusé le temps de le faire richement monter en coupe pour les solennelles libations des grands jours.

D'ailleurs, des diverses tribus ou peuplades qui composaient la nation gauloise, celle des Cadurkes, habitant le Querci, n'était ni la moins belliqueuse ni la moins hardie. La configuration de cette contrée, en grande partie montagneuse, répondait singulièrement aux idées de force et d'indépendance qui animaient l'esprit de ses habitants et contribuaient à conserver entières et intactes les précieuses qualités qui firent si longtemps la gloire de leur nation.

Aussi les Cadurkes, comme les Arvernes ou *Auvergnats* leurs frères de race et leurs voisins, firent-ils partie de toutes les grandes expéditions qu'entreprirent les Gaulois. Quand le biturige Ambigat, le chef le plus influent de la confédération des *Gaëls*, envoya ses deux neveux, Sigovèse et Bellovèse, à la tête de six cent mille guerriers, conquérir, l'un les contrées qu'arrose le Danube, l'autre les pays situés par delà les Alpes, les Cadurkes suivirent Bellovèse en Italie ; avec lui ils refoulèrent les Ligures-Taurins, subjuguèrent les Etrusques, étendirent leurs conquêtes jusqu'aux rivages heureux de l'Adriatique et s'établirent dans les plaines du Pô, où ils fondèrent Milan.

Deux siècles après, trois cent quatre-vingt-dix ans avant la naissance de Jésus-Christ, point de départ de l'ère chrétienne, les Gaulois Cadurkes étaient de la formidable invasion qui faillit anéantir Rome, sous la conduite de ce *brenn* fameux, — improprement appelé *Brennus* par quelques historiens grecs et latins, — qui prononça, en jetant son glaive dans la balance où s'accumulait la rançon des vaincus, le terrible *Vœ victis, malheur aux vaincus !* que le peuple romain n'oublia, cent ans plus tard, qu'après avoir vengé l'injure des Gaulois par la destruction complète de leurs descendants. Toujours avant l'ère moderne, lorsque les Volkes Tectosages, de race kimrique, partant de Toulouse, centre de leur domination, allèrent disputer aux héritiers d'Alexandre l'empire éphémère qu'il avait fondé, les vaillants guerriers du Querci les suivirent dans les champs de la Macédoine, de la Thessalie, de la Phocide et de l'Asie-Mineure, qu'ils conquirent et ravagèrent; ils eurent leur part des dépouilles du temple de Delphes, dont ils enlevèrent les trésors, malgré la colère manifeste des dieux ; et après s'être rassasiés de butin et de gloire, s'arrêtant au confluent de la Save et du Danube, ils élevèrent les murs de Belgrade et y fondèrent une colonie.

Les Cadurkes se joignirent encore à l'armée de secours qu'Asdrubal amenait, à travers les Pyrénées et les Alpes, à son frère Annibal, quand le célèbre carthaginois vainqueur à Trasimène et à Cannes mais affaibli par ses victoires et plus encore par les délices de Capoue, voulut compléter la ruine de Rome et terminer ainsi le duel sanglant qui troublait le repos du monde. Enfin, les historiens quercinois rappellent avec orgueil aux indifférents qui auraient pu l'oublier, que le cadurke Luctere, lieutenant de Vercingétorix, échappé par miracle au désastre d'Alésia, tint en échec la fortune de César pendant le siége fameux d'Uxellodunum, et fut le dernier Gaulois qui lutta pour l'indépendance de sa patrie.

Vous avez peut-être déjà remarqué, lecteurs, comme je le fais moi-même en ce moment, que, depuis un quart d'heure au moins, représenté par trois ou quatre colonnes de digressions, je n'ai pas avancé d'un pas dans mon excursion ; et vous vous êtes dit, sans doute, que si je continue de me *hâter* avec la même lenteur, il en sera de cette relation comme de la toile de Pénélope, dont personne n'a vu la fin. J'avoue que je me suis laissé entraîner au plaisir de vous raconter quelques-uns des mémorables exploits de la grande nation qui nous a donné nos ancêtres ; et, j'ajoute même que cette circonstance atténuante étouffe dans mon âme tout sentiment de regret ou de repentir.

Et puis, s'il faut tout dire, le moelleux tapis de gazon que foulent nos pieds dans la vallée de Gramat est si épais et si doux, que vous auriez, comme nous, la tentation d'y faire dresser vos tentes, afin d'y rester le plus longtemps possible et d'y couler tranquillement vos jours. Rien n'est plus paisible ni plus riant, en même temps, que l'aspect des sites enchanteurs qui nous entourent. C'est frais et gracieux comme un pastel de Boucher, c'est calme et sincère comme un paysage de Cabat. Voilà le village de Bio, dont le nom résonne aussi doucement à l'oreille que les plus mélodieux de l'ancienne Grèce: coquettement bâti au pied de deux mamelons richement boisés qui semblent l'abriter sous leurs ombrages protecteurs, on le dirait placé là, tout exprès, pour réaliser le rêve des amoureux convaincus qui ne demandent au ciel qu'une chaumière et un cœur.

Nous avançons de quelques pas, et, l'horizon s'élargissant, notre vue s'échappe à droite entre deux montagnes dénudées, reliées entre elles dans la perspective par un mamelon moins élevé, au sommet duquel une tour du treizième siècle se dresse triste et solitaire comme un anachronisme dans une page d'histoire. C'est le dernier vestige, encore debout, du fameux château de Saignes, dont les guerres de religion ont fait d'indescriptibles ruines et qui commandait au moyen âge la seule route frayée au voyageur entre le Querci noir ou haut Querci et le Limousin. Ses maîtres, longtemps redoutables, selon qu'ils furent inhumains ou hospitaliers dans la succession des âges, rançonnaient l'étranger qui passait d'une contrée à l'autre en forban sans foi ni loi, ou l'accueillaient au contraire en vrai chevalier chrétien.

Nous laissons à notre gauche le bourg de Lavergne et sa chapelle rustique, dont la vieille porte romane, d'un très bon style, nous fait rêver malgré nous aux nombreuses générations qui nous ont précédés dans l'oubli de l'histoire et qui nous attendent. Le panorama qui se déroule à nos regards appelle des pensées plus gaies et nous prodigue ses enchantements. Dans un espace relativement restreint, la nature a toutes les coquetteries et tous les caprices. Ici, la vallée se resserre brusquement et semble vouloir barrer le passage à l'Alzou, dont nous remontons le cours ; là le moulin diligent éveille les échos de la gorge au bruit cadencé de sa roue frappant l'eau de ses aubes de bois; tantôt les collines se rapprochent, tantôt elles s'éloignent, bondissant comme des agneaux, selon la pittoresque expression de l'Ecriture ; plus loin elles s'étagent en amphithéâtre et ressemblent à des curieuses impatientes d'embrasser à la fois du regard un horizon plus étendu. Jamais une ligne monotone, jamais un détail violent qui vienne troubler l'harmonie ou altérer la beauté de l'ensemble. Le paysage varie constamment ses aspects et ne se lasse pas. C'est l'églogue et l'idylle en action dans la nature, et offrant à la fois tout ce qu'elles ont de doux à l'oreille et d'aimable aux yeux.

Le dernier plan de ce charmant tableau est occupé par le joli castelet de Mayrinhac, auquel se rattache un souvenir contemporain dont vous me permettrez d'égayer cette relation. Un de ses derniers possesseurs, député ministériel sous la Restauration et directeur général des haras par la grâce du roi, commit en pleine tribune législative un si joli barbarisme qu'il lui valut de fixer sur lui l'attention de tous les Gaulois de France pendant quinze jours. Interpellé sans doute sur la gestion des fonds qu'il administrait, il déclara en face des représentants de la nation que, par suite de circonstances non prévues à l'époque du vote du budget, on avait dû élever le crédit affecté à certaine opération qui entrait dans le cercle de ses attributions à un chiffre beaucoup plus *conséquent* que celui primitivement fixé. Cette faute *considérable* contre les propriétés du langage fit tressaillir d'aise le *Figaro* de cet âge d'or de la raillerie fine et mordante, que résume si complétement et si heureusement le génie aimable de Béranger. Le spirituel filleul de Beaumarchais tenait alors bureau d'esprit comme le fait de nos jours son petit-fils, notre aimable contemporain. Après avoir décoché à l'honnête directeur des haras, mieux versé dans les fourrages que dans les secrets de la philologie transcendente, une nuée de traits plus ou moins habilement dirigés, *Figaro* formula contre lui, entre autres accusations bouffonnes, histoire seulement d'enrichir notre littérature d'une malice de plus, celle d'avoir amassé du foin..... dans ses bottes. Le *lapsus linguæ* du député fonctionnaire ne vous rappelle-t-il pas l'interruption peu correcte qu'eut un jour à subir M. de Villèle en mal de périodes oratoires et la façon plaisante dont il l'accueillit? — Je vous observe, monsieur le ministre..... fit l'interrupteur. — Et moi, répliqua brusquement notre illustre compatriote, qui ne se flattait pas d'être un Adonis, je vous fais observer qu'en *m'observant* vous n'observez rien de beau.

Mais voilà ma plume qui récidive et trotte, trotte en dehors de mon sujet, sans même se demander s'il vous plaît de lui passer toutes ses fantaisies et de la suivre dans tous ses caprices. Heureusement, depuis ses dernières incartades, je me défie un peu de son humeur vagabonde, et je la ramène aussitôt vers les marais de Mayrinhac, où nous venions d'arriver, et qu'elle n'aurait pas dû quitter.

Ces marais ne sont pas ce que vous pensez peut-être et ce que, du reste, je pensais moi-même avant de les avoir vus, une surface plane située en contre-bas du lit d'une rivière et submergée par les débordements périodiques de sa turbulente voisine. Ils sont formés au contraire d'une couche de terrain extrêmement perméable et laissant passer à travers ses pores des eaux souterraines qui jaillissent par cette large issue à la surface du sol. L'Alzou, qui naît non loin de ces marais, n'a pas d'autre acte de naissance ni d'autre cause originelle.

D'où viennent ces eaux mystérieuses, et quelle route ont elles suivie avant de se révéler ainsi, presque au sommet d'un plateau calcaire dominant les hauteurs voisines jusqu'aux plus lointains horizons? Cette question, vous vous l'êtes adressée vous même, j'en suis sûr, dans une circonstance à peu près analogue à celle-ci, si jamais vous avez accompli le pèlerinage obligé de tout vrai touriste aux sources du Loiret. Vous vous rappelez sans doute alors le joli pont d'Olivet, situé à quelques minutes, je devrais dire à quelques pas de la noble et vaillante cité d'Orléans ; le batelier empressé vous offrant le petit canot peint en vert ou en bleu avec bordure blanche ou rose, qui attend toujours le voyageur, et qui glisse légèrement sur l'eau comme la conque d'une naïade ; cette succession de charmants cottages possédant chacun l'anse pittoresque creusée dans la rive, où s'abrite la nacelle de famille en attendant l'heure désirée de la promenade ; ces riches pelouses déroulant leurs tapis de velours émeraude des bords du Loiret à la terrasse de la riante villa ; ces enfants joyeux jouant sous les charmilles ou se roulant à l'ombre des grands arbres sur les pentes de la colline ; puis, le *Château de la Source* et son parc enchanteur, dont le maître, fils opulent de la sentimentale Albion, vous accueille avec la plus cordiale hospitalité ; enfin, le *Bouillon* et l'*Abîme*, les deux gouffres insondables d'où le Loiret jaillit et s'échappe en grondant.

N'est-il pas vrai qu'en présence de ce phénomène, inexplicable en apparence, vous vous êtes demandés, comme je le fais moi-même aux sources de l'A'zou, quel secret recèle en son sein la terre vierge capable d'enfanter un pareil prodige ? L'eau, vous vous en doutez, ne naît pas par l'opération du Saint Esprit. Les plus superstitieux, j'en suis sûr, seront là-dessus de mon avis. Il faut donc lui chercher toujours et partout une cause évidente et rationnelle. Quand je la vois courir rapide et bruyante au pied des montagnes, je ne m'en étonne pas, apercevant à trois mille mètres de hauteur les neiges éternelles qui couronnent les sommets ; lorsque je la retrouve au milieu des plaines, recueillie au fond des puits domestiques qui lui servent de réservoirs, je constate le résultat naturel des infiltrations de l'eau du fleuve ou des pluies que la terre a rejetée de sa surface comme superflue ; mais si je la vois s'échapper en bouillonnant de profondeurs que mon œil ne peut ni atteindre ni mesurer, et violer ainsi les lois inéluctables de la pesanteur, je reste confondu d'étonnement et je sollicite une explication.

La science, heureusement, a réponse à tout. Si ses théories changent sans cesse, à mesure que l'expérience en révèle l'invraisemblance et la vétusté, il est consolant du moins de voir que sa confiance en elle-même et le ton de ses affirmations ne changent jamais. Si je lui demande d'où proviennent les eaux de l'Alzou, surgissant à la surface du sol, sans cause révélatrice, à cinq cents mètres d'élévation au-dessus du niveau de la mer, bien loin de toute cime neigeuse et dans des lieux le plus souvent desséchés par les ardeurs du soleil, elle me dit avec sa doctrine et ses docteurs que la cause qui les produit, pour être cachée n'en existe pas moins, axiôme dont je ne saurais exiger la démonstration ; que ces eaux, loin de braver les lois de la pesanteur, comme je pourrais le croire, leur obéissent aveuglément ; qu'en elles seules réside la puissance d'impulsion qui les élève jusqu'à ces hauteurs ; qu'il n'est pas d'élément plus tenace que l'eau malgré sa mobilité, plus résistant malgré sa fluidité, plus actif ni plus impatient malgré son apparente inertie ; que les eaux de l'Alzou doivent provenir des montagnes de l'Auvergne ou du Cantal, distantes de plusieurs lieues, et qu'échappées sans doute des immenses réservoirs que la nature leur avait préparés près des hauts sommets, elles se sont ouvert une route souterraine et mystérieuse jusqu'au moment où la terre, déchirant son sein sous leurs efforts prolongés, leur a livré une large issue. Alors la science me développe la théorie du syphon ; elle me parle avec respect de la grande loi hydrostatique des *vases communiquants*, en vertu de laquelle tout liquide, s'écoulant par un tube naturel ou artificiel, long de plusieurs mètres seulement, comme ceux de nos fontaines, ou de plusieurs lieues, comme les passages souterrains qui alimentent les sources d'eau jaillissante, tend toujours, par l'effet même de son propre poids et de l'impulsion qu'il détermine, à reprendre son premier niveau.

Moi qui suis né avec un excellent caractère, ennemi de toute contradiction, j'accepte comme articles de foi les affirmations de la science et je ne discute avec elle dans aucun cas. Elle me dirait... mais je ne veux pas émettre d'hérésie scientifique et attirer sur ma tête innocente les foudres de M. Daguin. J'aime mieux poursuivre ma route et vous entraîner avec moi, chers lecteurs, vers des horizons nouveaux.

Malheureusement, à la végétation luxuriante et à la variété d'aspects des vallées que nous venons de parcourir, succède tout à coup, avec la monotonie de la steppe, la stérilité de la lande et de la bruyère. Nous retrouvons le calcaire jurassique qui a déjà lassé nos yeux et attristé nos âmes, entre le Pournel et Gramat. Ici encore, la terre pétrifiée garde l'éternelle empreinte dont l'a marquée, il y a des siècles de siècles, l'élément de feu qui en altéra si profondément la richesse et les propriétés. L'homme est impuissant devant une telle œuvre de destruction. Il y multiplie en vain ses efforts : sa patience et son énergie se lassent à galvaniser le cadavre fossile dont un redoutable fléau épuisa la vie. Quelques marronniers sauvages, quelques chênes rabougris, des plantes folles y végètent tristement comme les cyprès sur des tombeaux ; mais, dans des lieux où la mort ne peut rien céder à la vie, ces végétaux de la solitude n'ont sous leurs pieds qu'un point d'appui inerte et sans sève qui les force d'attendre, languissants et chétifs, qu'un rayon de soleil et un souffle d'air viennent les réchauffer et les nourrir.

Après demie-heure de marche sur un sol tourmenté, dont les plans heurtés et les brusques dépressions attestent les perturbations profondes qui signalèrent dans cette contrée les premiers âges du globe, nous atteignons le sommet du plateau dont nous gravissions les pentes. Alors, comme l'aimant, sollicité par une force invisible et fatale regarde nécessairement le pôle, notre vue semble se diriger d'instinct vers un rocher formidable se détachant fièrement à notre gauche de tous les plans qui l'entourent et exerçant sur l'œil une invincible attraction.

C'est le rocher d'Autoire, dont le nom, défiguré par le temps, dérive du patois du pays *Altouyré*, beaucoup plus près de son origine, et qui n'est lui-même que l'altération visible de l'*alta turris* (haute tour) des Romains. Ce gigantesque colosse de granit, dont la légende a fait un des Titans orgueilleux qui s'insurgèrent contre le Ciel et que Jupiter pétrifia dans leur révolte, s'élève de cinq cents pieds et à pic au-dessus de l'étroite vallée qui porte son nom. Il faut être déjà bien hardi pour en escalader les pentes abruptes ; mais les soldats de César, plus hardis encore, assujettissant la nature elle-même à la politique de leur chef, couronnèrent le rocher d'une forteresse inexpugnable, après la chute d'Uxellodunum, et s'y établirent en maîtres. Sentinelle vigilante des conquérants, la haute tour romaine surveilla, impassible dans sa force, cette précieuse partie de leurs conquêtes d'où ils commandaient aux trois Aquitaines, et fut pendant des siècles une des plus sûres garanties de leur domination.

Aussi, les peuples nomades et guerriers, Vandales, Visigoths, Sarrasins et Normands qui, tour à tour débordés en Gaule, envahirent le Querci, firent-ils les plus grands efforts pour s'en assurer la possession. En l'année 732, les terribles apôtres du Coran, sous la conduite du grand Abdérame, essayèrent en vain de s'en emparer ; la sanglante journée de Poitiers, survenue cette même année, et dans laquelle Charles-Martel se couvrit de gloire, leur ôta pour jamais le pouvoir et l'envie de repasser les Pyrénées, et les chassa du Querci, qu'ils n'avaient pu ni soumettre ni conquérir.

Les Anglais, plus heureux que les Sarrasins, grâce au funeste mariage d'Eléonore d'Aquitaine avec Henri Plantagenet, roi d'Angleterre, s'établirent à Autoire en

1160 et y exercèrent pendant trois siècles une autorité souvent méconnue et presque toujours contestée. Mais loin d'y suivre l'exemple des Romains et d'imiter leur audace et leur energie, ils ruinèrent leur œuvre, dont les colères de la tempête ont balayé les derniers vestiges. Dans l'étroit vallon où le rocher colossal appuie solidement sa base, et sous une vigoureuse saillie ou corniche naturelle nettement accusée dans ses vastes flancs et surplombant de soixante pieds, les jaloux insulaires élevèrent d'épaisses murailles, dont les restes, encore debout, gardent le nom de leurs premiers possesseurs.

Vu du pied des ruines du *Château des Anglais,* le tableau qui s'offre au regard est simplement grandiose ; vu, au contraire, de l'observatoire élevé où le hasard de la route nous a placés, il devient saisissant et terrible. Notre œil plonge avec effroi dans l'étroite gorge, profonde de trois cents pieds, qui se creuse sombre et sauvage entre le rocher d'Autoire et le plateau qui lui fait face, depuis le jour, néfaste dans la nature, où notre globe, se soulevant dans une dernière convulsion, ressentit l'effroyable déchirement dons nous sommes aujourd'hui témoins. Jamais les poètes de l'antiquité, ni Dante lui-même, n'ont peint de couleurs plus puissantes et plus vraies l'entrée redoutable de leur enfer. On comprend mieux ici l'abomination de la désolation prédite par le prophète en un jour de désespoir et de deuil. Le chaos s'est regardé dans l'abîme et il y a laissé l'image terrifiante de ses mystères et de ses horreurs. Les rohers y donnent le spectacle de tous les désordres. Ils s'enchevêtrent, se défient, chancellent, surplombent, s'accumulent et s'écrasent. Il semble que tous les éléments à l'envi concourent à assombrir l'aspect lamentable de ces lieux tourmentés. Le vent s'y engouffre avec furie et fait entendre sa plainte lugubre aux échos enchaînés qui la répètent en gémissant. L'eau s'y précipite en grondant du haut du plateau et vient accroître encore la confusion. Elle s'élance de dix points à la fois, se brise avec éclat contre les rochers, disparaît dans des crevasses qui la revomissent en jaillissements, indomptés, reprend sa course vagabonde à travers les obstacles qu'elle franchit, écume bondit et retombe enfin avec fracas, en cascade de cinquante pieds, dans les profondeurs du vallon. En présence de tels bouleversements, à la vue d'une si grande ruine, l'âme émue se sent atteinte d'une indicible tristesse, et l'esprit, étonné et saisi, croit assister aux scènes inénarrables qui précédèrent l'universel *fiat lux*, dans ces jours sans lumière où la terre, jouet des éléments déchaînés, ressemblait, selon la sublime expression du Dante, à une « nef sans nocher dans l'affreuse tempête. » *Nave senza novackier in gran tempesta !*

Par une contradiction inexplicable de notre nature, qui nous retient bien souvent près des lieux dont notre âme repousse instinctivement la vue, nous nous arrachons presque à regret à l'étrange fascination qu'exerce sur nous la gorge d'Autoire, pour regagner la route dont nous avons dû nous écarter un instant. Cette route, qui est celle de Gramat à Saint-Céré, se prolonge d'autre part jusqu'à Gourdon, et traverse ainsi dans toute sa longueur, de l'ouest à l'est, la région bien connue des géologues sous le nom de *Plateau du Lot*. Vous le savez sans doute, surtout si, m'ayant lu l'année dernière, la mémoire vous est restée fidèle sur ce point : ce plateau n'est que le prolongement des montagnes de l'Auvergne et du Cantal, qui s'abaissent sensiblement et s'aplatissent en pénétrant dans le Querci, où elles étendent leurs dernières ramifications. Un détail topographique singulier, c'est que ces montagnes, après avoir séparé les bassins de la Bave, affluent de la Dordogne et du Sellé, affluent du Lot dans la direction du Nord-Est au Sud-Ouest, se redressent brusquement au Nord-Ouest, au-dessous de Lacapelle-Marival ; elles coupent ainsi leur premier plan par une ligne rigoureusement perpendiculaire, et courent l'espace de cinq à six lieues, parallèlement à la Bave, jusqu'à son confluent avec la Dordogne.

Cette chaîne de hauteurs, marquant à l'Est l'extrême limite du plateau du Lot, a ceci de particulier que ses escarpements sont si abruptes et si raides qu'on les prendrait aisément pour les murailles colossales d'une forteresse cyclopéenne. Du bas de la vallée, il est impossible d'en escalader les pentes. Aussi, pour faire descendre à Saint-Céré la route que nous avons suivie jusqu'au sommet du plateau, a-t-il fallu la tailler à même contre les flancs de la montagne, dont elle contourne à moitié un vigoureux contrefort qui la porte naturellement au bord de la Bave.

C'est précisément sur la plate-forme de ce contrefort s'avançant dans la vallée comme le bastion d'une citadelle, qu'il y a dix-neuf siècles les Romains établirent un camp, resté célèbre dans la mémoire des Quercinois, et qui porte encore le nom de *Césarines* ou *camp de César*. Ce grand souvenir d'une époque en même temps glorieuse et néfaste pour nos ancêtres, m'arrête un instant en ces lieux, en rappelant invinciblement à mon esprit la longue résistance et l'indomptable énergie déployées par une nation brave et fière, mais désorganisée, sans unité et sans cohésion, vis-à-vis d'un peuple ambitieux et entreprenant, qui dut la plus grande partie de ses succès à l'habile tactique de ses généraux et à l'admirable discipline plus encore qu'à la valeur de ses soldats.

Quelles légions ont campé là et quel homme de guerre les y a conduites? M. Victor Alayrac, écrivain de talent, très instruit et très érudit, m'avoue, en me dirigeant au milieu des imposantes ruines de cette nécropole militaire, qu'une tradition constante l'appelle *Camp de César*, mais qu'il n'a jamais essayé d'établir les preuves sur lesquelles s'appuie cette prétention. Moi qui n'ai pas la même raison patriotique d'accepter la tradition telle qu'elle, et qui recherche la vérité dans l'histoire, je doute fort, les *Commentaires de César* à la main, que le grand capitaine soit jamais venu jusqu'ici dresser sa tente et enfermer ses légions. Non pas que la position du camp n'ait été admirablement choisie, et aussi bien qu'eût pu le faire César lui-même, pour défier les efforts aveugles et obstinés d'adversaires très ignorants de l'art des siéges et accoutumés à marcher droit à l'ennemi, sans se défier des embûches que le génie romain dressait constamment sous leurs pas. Mais il est à croire, et je le crois, que César, tout fameux qu'il fut, ne possédait pas plus que vous et moi le don d'ubiquité ; et cette fâcheuse lacune dans ses prodigieuses facultés, lacune qu'il comblait, il est vrai, dans une certaine mesure, par cette merveilleuse célérité qui fit sa force et sa gloire, ne lui permit jamais néanmoins de se trouver en même temps sur deux points à la fois. Or, ses *Commentaires* nous apprennent que, tandis qu'il se disposait à soumettre lui-même les Venètes armoricains, dont il allait bientôt anéantir les forces dans cette mémorable bataille navale où la légère trirème romaine, conduite à la rame, devait avoir si complétement raison du lourd vaisseau de haut bord gaulois, il ordonnait à son jeune lieutenant, Publius Crassus, de pénétrer avec douze cohortes, grossies d'auxiliaires gaulois, dans les contrées situées entre la Loire et la Garonne, et de les contenir. Il faut penser que Crassus, pour remplir avec succès la mission qui lui était confiée, et animé d'ailleurs du génie de son général, vint camper sur ces sommets si heureusement situés, d'où il dominait les vallées de la Dordogne, du Limousin, de l'Auvergne, et tout le plateau du Lot. Dans tous les cas, César, occupé ailleurs, ne vint pas en Querci cette année-là et n'y conduisit pas ses légions.

S'il faut reporter à une époque moins reculée l'établissement du camp dont notre regard peut à peine embrasser la vaste enceinte, il ne me paraît pas difficile de rechercher, à travers les réticences de parti pris et les lacunes des *Commentaires*, quel général a pu et dû s'enfermer derrière des retranchements, pour échapper à un de ces désastres que les Gaulois infligèrent plus d'une fois aux lieutenants de César.

Entre nous, ces *Commentaires*, au moins sur quelques points, sont menteurs comme des bulletins russes. Il est fâcheux pour notre orgueil national et la gloire de nos ancêtres que l'historien de la conquête des Gaules soit précisément le formidable adversaire qui les a vaincus. On s'explique, en effet, très aisément, que César ne se soit pas soucié d'apprendre à la postérité par combien de revers et d'angoisses il avait acheté sa victoire définitive. Ainsi, il est avéré aujourd'hui, et M. Amédée Thierry l'a définitivement démontré, que César a dissimulé, autant qu'il l'a pu, le terrible échec que Vercingétorix, le plus grand homme de guerre qu'ait produit la race gauloise, lui fit subir sous les murs de Gergovie, dont il dut lever précipitamment le siége, après avoir vainement essayé de l'enlever d'assaut.

Pour la solution du problème qui nous occupe, il n'est pas possible d'accuser directement César. Mais Hirtius, son ami et son continuateur, qui a écrit le dernier livre des *Commentaires*, s'est rendu coupable, à mon sens, d'une semblable dissimulation en racontant la sixième campagne en Gaule du fameux proconsul romain. Jugez plutôt les paroles en les rapprochant des faits. La Gaule vaincue, épuisée, anéantie après la lamentable ruine d'Alesia, essaie pourtant d'un dernier et suprême effort pour secouer le joug qui pèse sur elle. Au nord, au midi, à l'est, au couchant, partout où la liberté gauloise a laissé des regrets ou des espérances, s'élève contre Rome un cri de malédiction et de défi. Bituriges, Carnutes, Bellovakes, Aulerkes, Atrébates, Andes, Ambiens, Eburons, Cadurkes, Trévires courent aux armes et se soulèvent à la fois. Mais le génie de Rome se rit des vaines colères de ces peuples divisés, et noie dans le sang ce regain de nationalité et d'indépendance. Le chef des Andes, Dumnac, est le dernier vaincu de cette inutile insurrection. Le Sénon Drappeth, son lieutenant, échappe avec 5,000 hommes au désastre que vient d'éprouver son chef, avant d'atteindre la Loire, et court rejoindre dans le midi, le cadurke

Luctère, qui menace la Gaule narbonnaise à la tête des guerriers de sa nation. César envoie à la poursuite des deux chefs gaulois son lieutenant, Caninius Rébilus, avec deux légions.

Nous voici aux sources de l'invraisemblance ; nous allons en suivre le cours. Caninius Rébilus atteint Drappeth et Luctère, sous les murs d'Uxellodunum, ou d'Uxellodun, pour me conformer à l'orthographe française. Où était situé Uxellodun ? J'ouvre ici une parenthèse que je crois utile au développement de ma démonstration : Trois villes du Querci, Luzech, Capdenac et le Puy-d'Issolu se disputent la gloire d'avoir résisté à César, comme trois cités bourguignones prétendent à l'honneur d'avoir été l'Alésia où se dénouèrent si fatalement les destinées de la Gaule. M'appuyant sur l'autorité de l'illustre Champollion, qui possédait pour les recherches archéologiques un génie tout spécial, j'avais moi-même attribué à Capdenac la gloire enviée. Mais comme je n'appartiens pas à l'école de l'abbé Vertot, je ne réponds pas avec l'historien bel esprit : *Mon siége est fait*, quand de nouvelles lumières viennent éclairer un point d'histoire resté obscur. Or, de récentes recherches, pratiquées d'après les indications du dernier historien de César, et le plus éloquent de tous, Nopoléon III, ont fixé désormais les doutes et restitué à Le Puy-d'Issolu — en patois du pays *Puech d'Issolut*, qui se traduit littéralement pas *Puits-de-Salut* — le titre qui lui appartient.

En fouillant le sol de ce lieu désormais célèbre, on a découvert, en effet, cette source, dont on avait vainement cherché la trace à Luzech et à Capdenac, qui joua un si grand rôle pendant le siège d'Uxellodun, et que César fit détourner, afin d'altérer les assiégés et de les réduire par la soif. Cette source d'eau, ce *puits de salut*, resta dans la mémoire des habitants et laissa son nom aux lieux témoins du drame épouvantable d'Uxellodun.

Je ferme la parenthèse et je rentre dans l'appréciation

des faits. Caninius, arrivé sous les murs d'Uxellodun, s'aperçoit que des escarpements inabordables en défendent l'approche et ne permettent pas même de l'enfermer complétement dans des lignes de siège. Il commet la faute de diviser ses forces et de les distribuer dans trois camps assez distants l'un de l'autre. Il essaie de relier ces camps par des retranchements et des fossés ; mais Hirtius avoue que les fréquentes sorties des assiégés l'obligent d'interrompre son travail de circonvallation autour de la place. Cependant, Drappeth et Luctère laissent deux mille hommes dans Uxellodun, que défend suffisamment sa position, et se mettent en campagne, ramassant des vivres, grossissant leurs troupes, et disposant tout pour une résistance opiniâtre. Il est vrai, si l'on en croit Hirtius, que Caninius, toujours vigilant, toujours actif, déconcerte leurs projets, ruine toutes leurs espérances, les bat successivement, et fait évanouir leurs vaillants guerriers comme s'ils n'étaient que de méprisables fantômes. Vous pensez, sans doute, par une déduction logique de ces événements, que Caninius Rébilus, délivré de toute inquiétude et n'ayant plus d'ennemis que les deux mille hommes enfermés dans Uxellodun, va attendre patiemment que la fatigue, la faim, le découragement ou l'espoir d'obtenir des conditions meilleures les détermine à lui demander la paix ? Vous connaissez mal alors le texte d'Hirtius. Caninius Rébilus, au contraire, écrit à César tout ce qui se passe, la destruction complète de l'armée de Luctère et de Drappeth, la capture de celui-ci, la fuite de celui-là et la ruine imminente des derniers défenseurs d'Uxellodun. Et que décide César ? A coup sûr, que tout va pour le mieux, et que, sans s'inquiéter davantage d'un résultat qui paraît certain, il n'a plus qu'à poursuivre la réalisation de ses projets de conquête sur l'Aquitaine, qui n'est encore qu'à moité soumise ? Il vous faut marcher d'étonnement en étonnement. César, contre toute attente, quitte précipitamment le pays des Carnutes à la tête de sa cavalerie, ordonne à son lieutenant Calenus de le suivre à grandes journées avec deux légions, et arrive en hâte à Uxellodun, où l'ont déjà précédé les vingt-cinq cohortes de Fabius. Qu'allait faire toute la cavalerie de César devant une ville couronnant des rochers inaccessibles, et quels adversaires devaient combattre les vingt mille hommes amenés par Calenus, dans une contrée déjà débarrassée de ses défenseurs, grâce aux exploits de Caninius Rébilus ? Ou l'étude des faits de l'histoire est une abstraction insaisissable pour mon esprit, ou les assertions d'Hirtius ne sont qu'un tissu de contradictions éclatantes.

Moi, qui ne suis ni l'ami ni le client de Caninius Rébilus, encore moins son adulateur, ni surtout l'ennemi implacable des Gaulois, voici ce que je lis très distinctement entre les lignes trop complaisantes d'Hirtius. Caninius, lancé à la poursuite de Drappeth avec deux légions, ne l'atteint que dans les vallées de la Dordogne, et alors que le chef gaulois a joint déjà ses cinq mille hommes aux Cadurkes de Luctère. Celui-ci, informé de l'approche du lieutenant de César, et ignorant l'état de ses forces, s'enferme dans Uxellodun. Mais, se jugeant bientôt supérieur à son adversaire, qui commet la faute de diviser ses troupes, il laisse deux mille hommes à la garde de la ville, et attaque avec cette furie gauloise qui est restée l'apanage de la nation française, l'un des trois camps romains Caninius, affaibli par un premier échec, renonce à faire seul le siége d'Uxellodun, rallie ses forces comme il peut, franchit la Dordogne, gravit les premières pentes du plateau du Lot, et va prendre position sur ces hauteurs qui dominent la vallée de la Bave, et qui ne sont guère distantes que de douze à quinze milles romains du Puy-d'Issolu. C'est de son camp qu'il instruit César de la détresse dans laquelle il se trouve, au milieu de tout un peuple en armes, et qu'il le détermine à se porter précipitamment à son secours avec toute sa cavalerie et les deux légions de Calénus. Il est superflu d'ajouter qu'avec ces forces redoutables et son génie, César dégage Caninius, et se joint à lui pour écraser Drappeth et Luctère, dont la défaite prépare la chute d'Uxellodun.

Je ne crois pas qu'il soit possible d'expliquer d'une manière plus vraisemblable, je dis même d'aucune autre manière un peu plausible, la marche de César de la Loire à la Dordogne qui, logiquement, donne un démenti aux prétendues victoires de Caninius Rébilus. Mais s'il m'a été facile de démontrer que l'établissement du camp dont j'examine avec curiosité les derniers vestiges, ne peut être attribué, dans aucun cas, à César, qui vint en Querci dans la circonstance unique que je viens de signaler, et dans des conditions de puissance excluant toute idée d'infériorité et partant de précautions à prendre vis-à-vis de ses adversaires, il est en revanche très difficile de lui assigner une date et un nom précis. D'autant, que les découvertes des archéogues, si elles n'infirment ni ne détruisent mon hypothèse en faveur de Publius Crassus et de Caninius Rébilus, ne lui apportent non plus aucun contingent de force et d'autorité. Les fouilles pratiquées sur l'emplacement qu'occupaient les fossés du camp et au milieu des ruines qui jonchent le sol, ont fait découvrir, en effet, des monnaies et des médailles à l'effigie d'Auguste et de Néron qui, certainement, n'étaient pas dans la ceinture des soldats de César un siècle avant le règne exécré du fils d'Agrippine. Le contraire me surprendrait autant que d'apprendre que les héros presque légendaires qui suivirent pendant quinze ans à travers le monde la fortune du grand capitaine dont la renommée efface celle de César même, avaient dans leur petite giberne des pièces d'or ou d'argent à l'effigie de Charles X ou de Napoléon III.

Faut-il inférer des découvertes de la science que l'existence du camp improprement nommé *Césarines* ne remonte pas au-delà des années 68 à 70 de notre ère, époque funeste à la Gaule et à Rome, qui mit l'empire si près de sa ruine, pendant les guerres civiles qui signalèrent les compétitions au trône des Césars, de Galba, d'Othon, de Vitellius et de Vespasien ? Il est douteux que la lumière se fasse jamais d'une manière complète sur ce point, d'ailleurs secondaire, et nous permette de voir la vérité sans voiles dans sa vénérable et sévère nudité.

Quoi qu'il en soit du général qui vint camper avec ses légions sur les confins du plateau du Lot, et des temps que cet événement devait rappeler, ce grand ouvrage militaire, dont la tradition fait remonter l'origine à César, n'en témoigne pas moins de la puissante organisation des armées romaines et de l'infatigable ardeur de ces soldats, qui se faisaient terrassiers, mineurs, architectes, maçons, avant de devenir des citoyens et des héros. C'est d'abord un fossé creusé dans le roc vif, large de 9 mètres, profond d'autant, qui défendait l'approche d'une épaisse muraille flanquée de tours en saillie, dont les ruines amoncelées atteignent en quelques endroits 10 mètres de hauteur. Cette muraille, qui n'a pas moins de 700 mètres de développement, formait le retranchement extérieur du camp et protégeait le côté uniquement accessible du plateau, les deux autres surplombant dans la vallée et offrant partout d'inabordables escarpements. La quantité vraiment surprenante d'ossements humains, de débris d'animaux, d'armes, d'amphores, de médailles et de monnaies que la pioche des archéologues a remuée au pied de ces retranchements, atteste le long séjour sur ces hauteurs des légions qui s'y étaient enfermées, en même temps que les nombreux assauts qu'elles durent y repousser et les sanglants combats que s'y livrèrent assiégeants et assiégés, vainqueurs et vaincus.

A 900 mètres au nord de cette première muraille formant la base d'un triangle assez régulier, nous sommes arrêtés par une seconde muraille reliant entre elles trois tours qui la défendaient. Elle coupe le même triangle par une ligne parallèle à la première, qui n'a plus déjà que 140 mètres de longueur. C'est ensuite à 300 mètres plus au nord encore, un second fossé de 7 mètres de largeur fermant l'enceinte de la partie du camp où s'élevait la forteresse, dernier refuge des assiégés et asile respecté du commandant des légions. Enfin, cent pas plus loin, dans l'angle un peu écrasé et présentant un front de 40 mètres de développement, qui borne le camp au nord, ce sont les vieilles ruines d'un bastion massif et lourd qui sollicitent notre curiosité et marquent notre dernière étape à travers ces souvenirs d'un autre âge. Au pied de ces murailles, deux grottes ayant chacune deux issues conduisent par un chemin couvert à un passage souterrain, au fond duquel coule, toujours abondante, la source d'eau limpide et fraîche qui fournissait largement aux besoins des légions romaines.

Mais, tandis qu'à l'imitation de l'homme juste d'Horace, je m'élève, calme et serein, sur les débris du vieux monde représenté par le bastion aux trois quarts écroulé qui couronne les crêtes du plateau, un spectacle merveilleux, indescriptible, inouï, me détache tout-à-coup d'un passé désormais sans charme pour moi, et me transporte dans un monde nouveau qui m'enveloppe de ses prestiges et plonge mes sens dans le plus pur et le plus profond ravissement. Un panorama de douze lieues d'étendue, dont chaque détail se dégage de l'ensemble avec une admirable netteté, déroule à la fois à mes yeux toutes ses splendeurs. Il me faudrait la plume enchantée de Théophile Gautier ou le pinceau magique du regretté Théodore Rousseau, pour faire passer dans vos âmes la sensation de joie indéfinissable que j'éprouve à l'aspect de ce féerique tableau, en vous en révélant toutes les beautés. C'est éclatant, lumineux et chaud comme un paysage de Ruisdaël, avec ce caractère de grandeur religieuse et de poésie intraduisible qui distingue les œuvres immortelles de notre Claude Lorrain et les éclaire de l'intime rayonnement de son génie.

Devant moi, au nord, sur le dernier plan, qu'il me

semble toucher de la main comme je l'atteins de l'œil, tant le vent du nord, rapide et vif, a soigneusement dissipé les brouillards qui lui font d'ordinaire un voile jaloux, les montagnes agrestes du Limousin décorent la perspective de leurs riches versants qu'une nature active et généreuse pare d'une éternelle végétation. A l'est, dans un lointain vaporeux idéalisant les objets si discrètement révélés, le Plomb du Cantal dresse son front chargé de frimas au-dessus des hauteurs qui l'avoisinent et courent le rattacher d'un côté aux monts d'Auvergne, de l'autre aux Cévennes, comme un beau vieillard à cheveux blancs regarde, souriant et fier, les jeunes et nombreux rejetons qui jouent autour de lui, en attendant qu'ils deviennent l'honneur de sa race et la gloire de son nom. A ma droite, dans la direction du sud-est, l'horizon est borné par la chaîne du Querci, dernier épanouissement alpestre des monts Cantal, [avant qu'ils s'étendent en s'abaissant, et se transforment en plateau hérissé de fortes collines et coupé de ravins profonds, tels qu'on les voit dans le département du Lot. Enfin, l'immense cirque de sommets, sombres ou riants, qui encadre la perspective, se complète, du nord au sud, par la chaîne de hauteurs si tristes et si stériles que j'ai décrites, et dont les *Césarines* occupent un des points les plus élevés.

Voilà les grandes lignes du paysage. Elles sont comme les arabesques capricieuses et arbitraires dont un Benvenuto Cellini amoureux de son art aurait orné l'alvéole d'or où viendrait s'enchâsser un bijou précieux. Car c'est par mille détails éblouissants d'originalité et de fraîcheur que le spectacle grandiose qui s'offre à ma vue rehausse encore sa grâce incomparable et sa miraculeuse beauté. La nature devait être ainsi aux premiers jours de la Genèse du monde, avant que la colère de Dieu ne s'appesantît sur la terre et ne mît un désastre à côté d'un triomphe, une tristesse près d'une joie. Lorsque Satan transporta Jésus, épuisé par la veille et le jeûne, sur le sommet élevé d'où il lui montra réunies toutes les richesses et les séductions du Globe, ce fut sans doute ici, à la place peut-être où je contemple moi-même tant de prodiges de végétation et de pittoresque, que l'esprit du mal essaya vainement de tenter Dieu. Si des autorités respectables n'affirmaient que le Paradis terrestre était situé autre part qu'en France, je croirais volontiers que, dans les vallées heureuses qui se reposent dans l'abondance à six cents pieds au dessous de moi, se promenaient, la main dans la main, le cœur ému et le regard troublé, il y a de bien longs siècles déjà, le vertueux mais trop faible Adam, notre premier père, et Eve la belle et la séduisante, cette mère indiscrète et curieuse qui, pour une vaine fantaisie, un pur caprice, un je ne sais quoi qui n'a de nom dans aucune langue ni de justification dans aucune conscience, trahit les desseins de la Providence et nous perdit tous.

La nature se livre ici à des débauches de fécondité qui font la joie et la fortune des habitants. Voici un fait matériel que je laisse à M. Cruzel et à ses lecteurs spéciaux le soin d'apprécier. J'ai vu, en cette année d'affliction et de disette, dans une ferme dont la Bave arrose les champs, j'ai vu du blé pesant 87 kilogrammes l'hectolitre! Vous devinez bien que les rayons du soleil ont ici des caresses plus chaudes et plus douces en même temps que partout ailleurs, la terre des ardeurs plus généreuses, la pluie des tendresses qu'on ne peut demander qu'aux larmes du ciel.

Il est vrai que trois rivières, sans parler des mille sources qui gonflent leur sein, se disputent la tâche douce et glorieuse de féconder et de régénérer perpétuellement le sol de cette contrée fertile. C'est d'abord la majestueuse Dordogne, qui descend du mont Dore, le point le plus élevé de la chaîne d'Auvergne, comme une reine descend de son trône. En quittant ses sources, elle étend ses deux bras à droite et à gauche pour recueillir sur son chemin tous les tributs qui doivent soutenir l'éclat de sa marche; puis, satisfaite des richesses acquises, elle s'étend mollement dans un large lit, entre des rives heureuses de son passage qui, pour la voir, se soulèvent en collines verdoyantes et se parent en son henneur d'arbres touffus, de fleurs odorantes, de fruits savoureux, en un mot, de toutes les pompes dont sait les orner une nature magnifique et libérale. C'est ensuite la Cère, qui s'échappe rapide et légère des mornes solitude du Cantal, distribuant insouciamment ses trésors aux nombreux vallons qui la courtisent et la sollicitent, comme ces filles prodigues qui dissipent l'avenir dans le présent, et ne veulent connaître de la vie que la jeunesse et les plaisirs. Après une course aventureuse et folle de 150 kilomètres, la Cère vient se perdre dans la Dordogne, sans avoir à regretter les périls et les embarras d'une existence plus longue et plus tourmentée. C'est enfin la *Bave*, au nom déplaisant, qui serait mieux nommée la *Paresseuse* ou la *Coquette*, si bien elle se promène nonchalante et belle entre les saules flexibles et les peupliers élégants de ses rives, qui l'abritent de leurs ombrages discrets et la pressent de leurs troncs amoureux. La Bave naît en Querci, elle y vit et elle y meurt. Le même soleil argente en se levant ses premières ondes encore timides à Labastide-du-Haut-Mont, située à 760 mètres au-dessus du niveau de la mer, et les revêt de pourpre et d'or à son coucher, 30 kilomètres plus loin, au moment où elles se confondent, sans éclat et sans ambition, avec celles du fleuve orgueilleux qui les reçoit dans son lit.

Quelquefois la Dordogne, souveraine de ces contrées, la Cère et la Bave, qui lui apportent le tribut de leurs eaux, ont des caprices d'un jour, des colères soudaines et terribles comme en éprouvent souvent les beautés sûres de leurs charmes, qui empruntent à ces subites agitations un attrait et une séduction de plus. Mais, généreuses jusque dans leurs débordements et leurs fureurs, elles rendent, en moins d'une heure, au laboureur ému et troublé, sous la forme de limons fécondants, d'alluvions d'une inépuisable richesse, plus qu'elles ne lui ravissent, en dix ans, d'espoirs conçus et de trésors amassés. Ce sont les turbulences et les emportements, aujourd'hui oubliés, qui signalèrent dans le passé l'humeur inquiète et changeante des trois rivières en même temps rivales et amies, qui ont fait l'éternelle jeunesse et la merveilleuse beauté de cette terre promise.

Aussi tous les peuples qui ont passé dans cette contrée bénie du ciel s'y sont arrêtés ; et après en avoir contemplé et goûté les charmes, ils en ont fait leur patrie d'adoption, y ont bâti leurs foyers, dressé leurs autels, transporté leurs pénates et leurs dieux et ne l'ont plus quittée. Nobles et ignobles, gentilhommes et vilains se sont de tout temps disputé avec acharnement un coin de cet Eden fortuné ; ils y ont semé à profusion les chaumières, les hameaux, les villages, les bourgs, les villes et les châteaux. C'est la plus splendide mosaïque qui ait jamais été conçue et exécutée par l'action combinée des siècles, du génie persévérant de l'homme et de la libéralité de Dieu. La riante et fertile vallée d'Aran, perdue sur les confins de la France et de l'Espagne, n'a rien de comparable, avec ses villes malpropres, assises sur les bords de l'unique fleuve qui baigne à regret leurs murs délabrés, et enfermées entre de hautes montagnes solitaires et nues qui les écrasent, les amoindrissent et les séparent du reste du monde. Ici, les sommets élevés semblent s'éloigner tout exprès de l'habitation de l'homme pour ne pas l'humilier ou l'attrister ; ils se posent au contraire devant lui dans la perspective, couronnés de bois ou tapissés de gazon, pour égayer et reposer sa vue, et l'obliger de temps à autre à regarder le ciel, avec lequel ils se confondent à l'horizon. Dans les villages propres et coquets qui se groupent nombreux sur les bords des trois rivières qui arrosent ce beau pays, hommes et plantes, tout respire le bonheur et le repos, tout rit et chante, tout proclame l'abondance et la prospérité. Jamais la misère n'y montre sa livrée humiliante et sordide, jamais un mendiant n'y afflige l'œil du voyageur ou du touriste, comme à Bossost et en tant d'autres lieux que la Garonne visite sans les enrichir, après s'être échappée en mugissant du gouffre et du *val d'Enfer*.

Ici rien n'est triste, rien n'est seul, rien n'est monotone. Il n'est pas de gorge qui n'ait sa cascade, de mamelon qui n'ait son bouquet d'arbres et sa villa, de vallon qui n'ait son village et son clocher, de promontoire qui n'ait sa ruine, d'escarpement qui n'ait sa forteresse, de monticule qui n'ait son château. Du point élevé d'où ma vue s'étend sur les vallées de la Bave, de la Cère et de la Dordogne, je vois surgir à la fois, avec les mille souvenirs de leur histoire glorieuse ou sombre, le légendaire château de Montal, la ville de Saint-Céré et les colossales tours de Saint-Laurent, les imposantes ruines du château-fort de Castelnau, les cascades d'Autoire, la robuste forteresse de Loubressac, les vieilles murailles du Château des Anglais, les masses gothiques du manoir des Turenne, vingt villages, autant de hameaux, tous les enchantements du paysage, tous ses triomphes, toutes ses séductions !

Le jugement dernier, je le crois, me surprendrait dans la contemplation de ce magique panorama, si M. Alayrac, mon bienveillant cicerone, ne me rappelait à la réalité des choses en me montrant au-dessous de moi, à peu près à moitié profondeur de la vallée que nous dominons, la route de Saint-Céré s'appuyant au contrefort que couronne le camp romain. Cette modeste voie départementale rappelle ici, un instant, par l'originalité de son tracé, celle ouverte entre Nice et Gênes, et unique au monde, la route si pittoresque de la *Corniche*, s'attachant aux flancs monstrueux des Apennins comme une jeune et timide mariée au bras de son robuste époux, et se mirant, gracieuse et coquette, dans les flots bleus et profonds de la Méditerrannée, pendant quarante lieues agréables comme les heures de la promenade et courtes comme un rêve heureux.

Notre excursion poursuivie depuis dix minutes, nous

voici à Presque, où la route perce le massif de la chaîne des hauteurs que nous quittons pour descendre dans la vallée. Entre le contrefort des *Césarines* et celui de Saint Médard un vallon étroit et profond s'enfonce comme un coin dans la montagne et s'arrête au pied d'une muraille de granit qui se dresse à pic, présentant en apparence une barrière infranchissable entre les vallées inférieures du Querci et le plateau supérieur. C'est cependant à travers les crêtes qui longent ce vallon creusé en abîme et appelé *Bout du monde* par les habitants, si bien il paraît isolé et perdu dans sa solitude, que l'on a ouvert l'unique issue par laquelle communiquent entre elles toutes les parties de la contrée. En ce moment, nous passons justement au-dessus du village de Presque, caché tout au fond du précipice, et nous dominons de 150 pieds les toits des maisons. C'est d'une originalité et d'un pittoresque enchanteurs. Asmodée, ce *diable boiteux*, le plus vif et le plus pétulant de tous les diables, comme il se qualifie lui-même, et dont Le Sage nous a si spirituellement conté les exploits, n'aurait pas à nous offrir le pan de son manteau pour nous transporter sur les toits de Presque, ainsi qu'il le fit à Madrid pour cet aimable vaurien de Léandro Zambullo. Il n'aurait ici qu'à découvrir les maisons s'il voulait nous faire entendre ce qui s'y dit et nous montrer ce qui s'y passe. Mais que verrions-nous? Le témoignage de mœurs patriarcales, des scènes de famille calmes et reposées, qui ne réjouiraient pas plus le diable boiteux, friand de désordre et de scandale, que ne le ferait un bain d'eau bénite.

Au dixième siècle, en 963, alors que le Querci relevait des comtes de Toulouse, dont les possessions, couvrant tout le pays situé entre Rhône et Loire, constituaient par leur étendue un domaine vraiment royal, la terre de Presque et l'abbaye qui en avait le bénéfice donnèrent lieu à une contestation fort curieuse par les faits qui suivirent, et dont le dénouement, en jetant un jour singulier sur les mœurs de cette époque si intéressante pour l'histoire, rappelle un peu, par son originalité, la morale de la fable : *l'Huître et les Plaideurs*. Deux gentilshommes, deux frères, Bernard et Gerbert, prétendaient avoir un droit égal à la possession de Presque. I s en appelèrent à Raymond III, comte de Toulouse, leur juge naturel et leur suzerain. Le jugement, rendu dans l'église Saint-Sernin, où les comtes tenaient leurs assises solennelles, ordonna que les deux prétendants choisiraient parmi leurs hommes d'armes un champion chacun, qui devait défendre par la voie du duel les droits de son maître et seigneur. Le duel eut lieu, en effet, le lendemain. Le combat, commencé dès la seconde heure du jour, se poursuivit avec beaucoup d'ardeur de part et d'autre jusqu'au coucher du soleil, mais n'eut pas d'issue. Le comte Raymond, lisant dans ce résultat négatif la volonté du Ciel, rejeta les prétentions des deux frères et adjugea la terre de Presque à l'abbaye de Beaulieu, un des monastères les mieux dotés et les plus riches du Limousin.

Nous descendons rapidement la côte de Saint-Médard et, au tiers à peu près de la courbe qu'elle développe en contournant le contrefort des *Césarines*, nous nous arrêtons devant la sombre ouverture d'une grotte, découverte il y a quarante ans seulement, depuis la construction de la route de Saint-Céré, et qui n'est pas la curiosité la moins attractive de la contrée. Le seuil, de plain-pied avec la route, nous introduit dans une sorte de vestibule à plafond bas, mesurant de 25 à 30 mètres carrés de surface. Je n'ai vu qu'une œuvre humaine, les cariatides du Puget, sous le lourd balcon de l'hôtel-de-ville de Toulon, exprimant l'idée de puissance concentrée et développée de parti pris, d'efforts énergiques et réfléchis, aussi complètement que la voûte surbaissée de cette caverne, qui semble supporter à elle seule tout le poids de la montagne. On croirait qu'un architecte audacieux, pressentant les conséquences terribles d'un écroulement du plateau des *Césarines*, a voulu prévenir cet épouvantable cataclysme en accusant ces arêtes robustes qui convergent de tous les côtés de la grotte vers le centre de la voûte, où elles cherchent pour point d'appui un pilier absent. L'aire ou sol de la caverne est semée de dépôts calcaires, de stalagmites nombreux et irréguliers, qui embarrassent notre marche et nous obligent à de grandes précautions.

Bien nous vaut de n'être pas venus ici dorés et glacés comme une gravure de modes. Il nous faut passer du vestibule dans l'intérieur de la grotte par un couloir étranglé que nous ne pouvons franchir qu'en rampant. Heureusement, notre cocher Grimal, dont le nom mérite de passer à la postérité, tant il met de zèle et d'abnégation à nous servir, nous précède avec des torches dont la fumée nous suffoque, en attendant qu'elles nous rendent une honnête revanche en empêchant que nous nous rompions le cou. Nous atteignons par ce chemin incommode et fatigant, figurant assez exactement, je le pense, la voie étroite du salut, une chambre ronde, assez vaste, dont la voûte, élevée de 9 à 10 mètres, est entièrement constellée de stalactites aux formes les plus singulières et les plus bizarres. Grappes, festons, dentelures, choux-fleurs, draperies tapissant les murs, consoles, chapiteaux, plantes sans famille, animaux sans parents, la nature a pratiqué là les plus scrupuleuses imitations, comme elle s'y est livrée aux plus capricieuses fantaisies. Le jeu des lumières à travers tous ces objets si étrangement réunis, si curieusement groupés, et les innombrables reflets que se renvoient, en en augmentant l'intensité, les cristallisations dont ils sont formés, donnent à cette scène une espèce de mobilité fantastique qui fait croire un instant au monde surnaturel des Génies et des Fées.

Si cette illusion ne résiste pas un instant au plus léger examen de la raison, ces phénomènes naturels affirment du moins et démontrent d'une manière irréfragable la haute antiquité du globe. Vous connaissez le mode de formation de ces concrétions de spath calcaire que les géologues appellent savamment et pompeusement *stalactites* et *stalagmites*, selon qu'elles sont suspendues aux voûtes des grottes ou qu'elles se dressent sur le sol d'où elles paraissent surgir? Une goutte d'eau, qui met peut-être une semaine, peut-être un mois entier à traverser les couches épaisses de la montagne, se sature dans sa course lente du carbonate de chaux qui est la base constitutive du sédiment calcaire ; arrivée aux voûtes des grottes, la goutte d'eau s'évapore en déposant contre les parois du roc la molécule infinitésime, la proportion inappréciable de sel carbonate qu'elle tenait en dissolution. C'est la perpétuité de ces diverses actions chimiques qui a créé ces splendides musées souterrains formés de tout ce que l'imagination la plus inventive et la plus féconde peut enfanter d'éblouissant et de merveilleux, et qui font l'étonnement du touriste comme l'admiration du savant.

Combien de milliers de siècles a-t-il fallu à l'infime goutte d'eau pour édifier, avec ces couches de ciment miraculeux dont l'épaisseur accuse d'impuissance le langage humain, ces forêts de colonnes monolithes, ces animaux monstrueux, ces blocs colossaux que l'on dirait sculptés par un Génie dans le cristal le plus éclatant et le plus pur? Il est plus aisé de poser cette question que de la résoudre. Mais la réponse qu'on y ferait ne donnerait pas encore l'âge exact du globe.

Avant la période de formation de ces concrétions calcaires, s'était écoulé déjà le cycle, aussi long peut-être, du creusement des grottes où les générations ne se lassent pas de les admirer. L'hypothèse la plus vraisemblable, celle d'ailleurs qui se défend par les observations nombreuses et concordantes de la science, attribue au passage prolongé d'eaux rapides et torrentueuses l'existence, dans leur état actuel, des cavernes qui perforent la plupart des montagnes jurassiques répandues sur la surface du globe. On ne peut douter que d'autres causes ne se soient jointes à celle-là et n'aient même été la raison déterminante de ce phénomène. Ainsi, les soulèvements volcaniques qui marquèrent la première période géologique qu'a dû traverser notre planète, provoquèrent nécessairement des dislocations et des flexions dans les couches inférieures du sol, et furent par cela même l'origine primordiale des grottes. Mais les eaux, se servant de ces passages préexistants, durent dissoudre et désagréger le calcaire qui ralentissait leur marche jusqu'au moment où la diminution de leur volume, peut-être aussi l'obstruction des orifices d'écoulement, par suite de commotions nouvelles et d'éboulements qui en furent la conséquence, modifia leur régime et changea leur cours.

A l'appui de cette théorie, que l'expérience et la raison ne désavouent pas, on peut citer plusieurs rivières, entr'autres la *Cuisance* et la *Seille* dans le département du Jura, la *Sassenage* dans celui de l'Isère, qui empruntent encore le sol de grottes profondes dans une partie de leur cours. Sans même sortir du Querci, qui a gardé plus que toute autre contrée sa physionomie des premiers âges géologiques, il y a, non loin de Gramat, un ruisseau, *Louyse,* qui, après avoir couru à ciel ouvert depuis sa source, près d'Aynac, jusqu'au-dessus du château de Thémines, se perd là dans seize crevasses, qui s'ouvrent comme autant de gouffres; poursuivant ensuite sa route ténébreuse dans des profondeurs inconnues, il n'abandonne sa voie souterraine que trois lieues plus loin, à quelque distance de Roc-Amadour, où il se grossit de l'Alzou.

Le mode de formation des grottes admis tel que la science l'indique, qui nous apprendra quel temps il fallut aux eaux pour corroder le rocher, le dissoudre, le désagréger miette à miette, molécule à molécule, l'entraînant avec elles dans les vallées, jusqu'au jour où elles se furent creusé un lit suffisant? Et le plus simple bon sens, démontrant qu'aucun dépôt calcaire, stalactites ou stalagmites, ne peut se former sur un sol parcouru et lavé par les eaux, qui dira depuis combien de millions d'années notre planète s'est dégagée du chaos, en supputant les dates et en ajoutant l'âge des stalactites à l'âge des grottes? Assurément ce n'est pas moi. Les bureaux de l'état civil — naissances et décès — n'étant pas aussi savamment organisés qu'en nos temps heureux de réglementation universelle, le jour où il plut à Dieu de créer l'œuvre éternellement belle des mondes, je crois même qu'il sera toujours aussi difficile de rien préciser à ce sujet qu'il l'a été jusqu'ici de dire où naquit Homère et ce qu'étaient réellement les douze travaux d'Hercule.

En dehors de l'intérêt de curiosité qu'excite chez le tendre et sensible géologue la vue des grottes qui lui révèlent de si étonnants mystères, ces demeures souterraines ont acquis, depuis quelques années, une importance considérable, au point de vue de l'histoire de l'homme dans ses rapports avec la nature. Les investigations patientes d'érudits, amants passionnés de l'étude du passé, ont reculé les horizons de l'histoire ; une science nouvelle a été créée. L'*anthropologie* a fouillé le sol des cavernes, et elle a découvert, mêlés aux ossements fossiles d'animaux disparus de notre planète depuis dix mille ans peut-être, des morceaux de pierre taillés, dénonçant une volonté intelligente, une idée consciente d'elle-même. Logiquement, elle a déduit de ce fait considérable, de cette émouvante révélation, le long séjour de l'homme dans ces demeures troglodytes et sa contemporanéité de la faune dont les épaves gisaient au milieu des instruments qui furent son œuvre. Cependant, des esprits forts, convaincus à l'avance de bien des choses, excepté de leur ignorance, ont nié *à priori*, sans examen, la valeur de témoignages qui attribuaient à l'humanité une vieillesse bien autrement grande que les historiens, s'appuyant sur des textes dénaturés ou inexactement traduits, ne l'avaient pensé. Mais des faits concordants, nombreux, généraux, universels, ont enfin donné la foi aux plus incrédules, dessillé les yeux aux moins clair voyants, et fait une large place à la vérité nouvelle.

Le doute n'est plus possible aujourd'hui. Bien avan

les temps historiques, à une époque dont la tradition la plus reculée, dont la légende la plus obscure n'a pas même gardé le souvenir, une race d'hommes venus on ne sait d'où vivait sur le sol de notre patrie, et faisait son séjour de ces sombres cavernes que nous ne pouvons plus regarder sans émotion, car elles ont servi d'habitation à nos premiers ancêtres et ont été, sans aucun doute, le berceau de l'humanité. Nos historiens nationaux, s'aidant des éléments incomplets acquis jusqu'à nos jours à la science, avaient écrit et pensé que les Gaulois et les Kimris, frères de race, venus des confins de la Haute-Asie, il y a un peu plus de trente siècles, avaient été les premiers habitants des contrées auxquelles l'une des deux races donna son nom. Aujourd'hui, les témoins irrécusables d'une civilisation bien antérieure à celle de ces peuples, discréditent les spéculations les plus ingénieuses comme les théories les mieux acceptées.

Avec les invasions gauloises, environ quinze cents ans avant notre ère, commence l'*âge du fer*, qui est le nôtre et qui ouvre les temps historiques. Mais trois autres périodes, dont les historiens n'ont point parlé, avaient précédé celle-là dans un passé resté longtemps inconnu. L'anthropologie les désigne par le nom des métaux ou des minéraux en usage chez les peuples contemporains de ces époques reculées. En remontant l'échelle des âges, on rencontre d'abord l'*âge du bronze*, prédécesseur immédiat et précurseur de l'*âge du fer*; ensuite l'*âge de la pierre polie*; enfin, l'*âge de la pierre taillée*, témoin d'un art plus rudimentaire encore, et qui ouvre les annales de l'humanité.

A cette première époque antéhistorique, l'homme, perdu et comme oublié dans la création, sans industrie, sans agriculture, sans protection contre de redoutables éléments dont il ne sait pas encore faire des agents de richesse et de progrès; impuissant à arracher ses secrets à une nature insensible à ses misères, qui cache soigneusement dans son sein jaloux jusqu'aux métaux qui doivent décupler ses forces et stimuler son énergie; menacé enfin dans son domaine par la terrible compétition d'animaux féroces, moins intelligents mais plus vigoureux que lui, et qui ne le reconnaissent pas pour maître, l'homme doit pourvoir à la fois à son logement, à sa nourriture, à son vêtement et à sa défense.

Il songe d'abord à s'abriter contre les intempéries du ciel dans les flancs creusés des montagnes; mais il recule épouvanté à l'aspect de l'animal monstrueux qui en a fait déjà son repaire : c'est le rhinocéros laineux, ou l'énorme mammouth, ou le grand hippopotame, ou le tigre, ou l'hyène, ou l'ours des cavernes, ou quelqu'un de ces formidables carnassiers dont le génie de Cuvier retrouva les formes et les proportions avant les découvertes zoologiques qui confirmèrent ses calculs. L'homme alors, demandant à son intelligence la force qui manque à son bras, saisit la pierre que la foudre a détachée de la montagne; il la façonne péniblement à l'aide d'une pierre semblable et il en dégage une hache grossièrement taillée; d'une branche d'arbre rompue il fait le manche de son arme improvisée, et courant aussitôt au redoutable ennemi qui lui dispute la possession du sol et qui déjà le convoite comme une proie, il se prend corps à corps avec lui, opposant l'agilité à la vigueur, la ruse à la force, le sang-froid à la fureur; son sang coule, mais il triomphe : dans un dernier et suprême effort, il terrasse le monstre, il lui fend le crâne, il le dépouille; et, trouvant dans sa chair une nourriture suffisante pour le jour que le soleil mesure, dans son épaisse fourrure un chaud vêtement, il attend au lendemain pour reprendre sa vie de Sisyphe roulant son rocher.

Voilà la grande épopée de l'homme primitif dans la nature, telle que la racontent, dans leur éloquent langage, les milliers de haches, de scies, de pointes, de flèches en silex; les armes faites avec les ossements des animaux tués, cubitus montés en poignards, côtes aiguisées en couteaux, mâchoires d'ours portant encore une des puissantes canines de l'animal, pointes de lance, harpons, ustensiles de plus en plus ingénieux à mesure que l'esprit de l'homme se développe et que son industrie s'exerce ; enfin, les nombreux débris de la faune contemporaine, retrouvés, comme les armes, par les anthropologistes, partie dans les cavernes, partie dans les lacs suisses où s'engloutirent les habitations lacustres, partie dans les couches du terrain quaternaire, appelé par les géologues *diluvium gris*, qui couvre nos riches vallées : précieuses épaves d'une civilisation éteinte, qu'un dernier cataclysme universel submergea sans doute dans l'incommensurable abîme du passé.

La plus belle page écrite sur ces commencements de l'homme, sur ses mœurs si inopinément révélées, a été, sans contredit, la *Galerie de l'histoire du travail*, réservée aux collections anthropologiques dans le palais de l'Exposition universelle. Je me suis oublié tout un jour dans ce musée rétrospectif, si intéressant et si curieux, où, se dégageant du spectacle d'une civilisation à son apogée qui emprisonne la vapeur et lui ménage une fuite féconde en merveilles, fait du feu du ciel le docile agent de son activité prodigieuse, oblige le temps à marquer régulièrement sa marche, arrache aux entrailles de la terre la lumière et la chaleur que le soleil versait à flots, il y a des millions d'années, sur des forêts pétrifiées depuis ; ma pensée prenait des ailes et remontait avec tristesse vers les jours malheureux où commença la lamentable odyssée de l'homme exposé aux intempéries, à la faim, aux attaques des bêtes fauves, et n'ayant à opposer à tant de maux réunis qu'une arme fragile, une hache de silex que sa main ne savait pas manier. Là, il m'a été possible, et, je le dis avec reconnaissance, grâce en partie au zèle et aux soins d'hommes dont s'honore ma ville natale, de me représenter l'aspect formidable des terribles ennemis que nos ancêtres eurent tous les jours à combattre. M. Filhol, qui réunit tous les mérites comme il cumule toutes les gloires, et qui avant d'être le premier magistrat municipal de notre cité était déjà un des plus distingués savants de notre région, avait envoyé au Champ-de-Mars, en sa qualité de directeur de l'Ecole de médecine et du Musée d'histoire naturelle qui vient d'y être annexé, un superbe squelette du *grand Ours des cavernes* (ursus spelæus); j'ajoute, pour rendre entière justice à qui elle est due, que ce magnifique fossile, le seul complet que possédât l'Exposition, a été admirablement monté par M. Seirac, encore un compatriote aussi modeste qu'il est habile dans son art. En voyant ces formes robustes, ces proportions colossales, ces redoutables défenses capables de broyer la pierre, il était aisé de deviner quels horribles combats durent se livrer l'homme et l'animal, et que plus d'un hardi chasseur périt victime de son audacieuse attaque.

La grotte de Presque, où je me suis arrêté trop longtemps sans doute, lecteurs, si j'en juge par cette digression que vous avez dû trouver ennuyeuse, a de quatre à cinq cents mètres de développement. La chambre qui étale à nos yeux ses merveilleuses cristallisations n'a d'autre issue à l'intérieur qu'une ouverture, élevée de plusieurs mètres au-dessus du sol, à laquelle on ne peut atteindre qu'à l'aide d'une échelle dont nous avons oublié de nous munir. D'ailleurs, M. Alayrac, qui a parcouru la grotte dans toute son étendue, il y a quarante ans déjà, m'assure que les chambres qu'il nous reste à voir, d'une grande magnificence à cette époque, n'offrent plus aujourd'hui aucun intérêt, grâce aux innombrables mutilations qu'ont exercé sur les plus beaux stalactites de trop enthousiastes explorateurs.

Nous retournons donc sur nos pas, bien résolus à ne pas faire notre demeure de ces sombres profondeurs peu confortables aux yeux d'un enfant du dix-neuvième siècle, et nous revoyons la lumière et le ciel avec la joie naïve d'écoliers qui viennent de subir une heure de cachot forcé. Après avoir doublé le promontoire contre lequel s'appuie la route de Saint-Céré, nous suivons les bords riants de la Bave qui arrose la vallée de ce nom. Des lieux où nous sommes, le panorama n'est plus ce qu'il était du haut du plateau des *Césarines*. Le vaste paysage s'est fait miniature, le majestueux poëme s'est fait idylle. Mais cette miniature s'impose à notre admiration par de singulières beautés. Si notre vue s'étend à gauche jusqu'aux lointains coteaux qui bordent la Dordogne, devant nous la perspective a moins d'étendue. De la chaîne de montagnes abruptes et âpres qui servent de trait-d'union entre le vaste plateau du Lot et les monts Cantal, se détache, à égale distance à peu près des deux points extrêmes, une ligne de fortes collines ondulées qui s'en éloigne à angles droits et sépare en deux bassins, de même étendue pour le spectateur, les vallées de la Cère et de la Bave.

Ce sont précisément ces collines qui bornent notre vue et arrêtent la perspective. Mais voyez s'il ne semble pas qu'un magnifique ordonnateur, aussi grand dans la conception qu'il est opulent dans l'exécution de ses œuvres, se soit complu à arranger les plans du merveilleux tableau posé devant nous. Après une forte dépression du sol, qui interrompt un instant la ligne des hauteurs, la chaîne se redresse brusquement à pic comme pour dégager par une transition subite le soubassement sur lequel s'élèvent imposantes et fières les épaisses murailles et les tours colossales de Saint-Laurent, portant aux nues la gloire de la maison de Turenne et les exploits fameux de vingt générations de vaillants chevaliers; ensuite la crête des collines ne s'abaisse plus que par des courbes gracieuses et légères qui échappent en se jouant aux monotonies de la ligne droite; c'est deux ou trois lieues plus loin, seulement, qu'elle s'arrête tout-à-coup, comme une esclave timide devant son maître orgueilleux, aux pieds des ruines géantes du château-fort de Castelneau de Brétenoux, qui se dresse, encore terrible, et semblable au spectre des temps féodaux, au-dessus des vallées, aujourd'hui heureuses, qu'il a si lontemps menacées.

Ce dernier point, qui est le plus éloigné de nous, est aussi le plus sévère et le plus sombre du paysage. Sur notre droite, au contraire, à cinq ou six cents mètres, que nous franchissons en dix minutes, éclate le plus charmant contraste que la lumière du ciel ait jamais enveloppé de ses gais rayons. Sur le sommet d'une colline en pente douce tapissée de frais gazon, s'épanouit dans sa jeunesse de trois siècles et dans sa beauté que le temps a respectée, l'élégant château de Montal. L'habitation actuelle ne rappelle en rien le *Repaire de Saint-Pierre*, bâti à cette même place, dès avant le treizième siècle, par les seigneurs de Miers, qui, par suite d'une alliance entre les deux familles ou pour tout autre motif ignoré, en transmirent la propriété, au commencement de seizième siècle, à la maison de Montal.

En 1534, le sire de Montal rasa le vieux manoir féodal, sombre et lourd comme tout ce qui portait le cachet de cette époque d'anarchie et de défiance où la force primait le droit, par application de l'aphorisme brutal remis en pratique de nos jours avec un si triste éclat par le comte de Bismark, digne héritier de la moralité politique de Louis XI et de Machiavel. Au seizième siècle, les temps étaient bien changés. La cour brillante et voluptueuse de François Ier avait attiré à Saint-Germain et à Fontainebleau tout ce qui possédait une grande fortune et portait un grand nom. D'autre part, la politesse des mœurs avait été la conséquence naturelle de la renaissance des lettres et des arts. Le génie hellénique, chassé de la merveilleuse Byzance par le sombre fanatisme musulman, s'était d'abord réfugié en Italie, puis avait passé les Alpes, et sous l'influence de ses grâces enchanteresses, il transformait rapidement les habitudes et les idées. D'ailleurs, la grande féodalité, écrasée par Louis XI, ne songeait plus à rentrer dans ses forteresses et à s'isoler dans cette orgueilleuse vassalité si funeste au progrès des mœurs et à la prospérité publique. Les guerres d'Italie qui remplirent les règnes de Charles VIII, de Louis XII et de François I*r*, avaient entraîné toute la noblesse française à la suite de ses rois dans les champs fameux de Fornoue, d'Agnadel, de Marignan et de Pavie. Les Français revinrent de ces expéditions, si glorieuses pour la chevalerie près de disparaître, mais si contraires à nos intérêts, entièrement subjugués par le spectacle prodigieux qu'offrait alors l'épanouissement des arts en Italie. Le XV° siècle, si grand dans les fastes de l'humanité, et qui rappelle à l'esprit les trois faits les plus considérables peut-être de l'histoire : la Renaissance grecque, la découverte du Nouveau-Monde et l'invention de l'imprimerie, avait couvert le pays du soleil de ses plus splendides créations, quand y pénétrèrent les armées de Charles VIII et de Louis XII. Des artistes d'un esprit universel, tels que Brunelleschi, Fra Giocondo, Ghiberti, Donato, Battista-Alberti, Léonard de Vinci, précurseurs de Michel-Ange et de Raphaël, produisaient depuis un demi-siècle déjà ces œuvres fameuses qui seront l'éternel honneur de l'Italie.

Le cardinal d'Amboise, esprit éminemment cultivé, dont les goûts pour les arts plastiques furent si favorables au mouvement artistique que provoqua chez nous la Renaissance, détermina Louis XII, dont il était le premier ministre et le conseiller, à amener en France, à son retour d'Italie, quelques-uns des artistes qui avaient si puissamment contribué à la gloire de leur patrie. Fra-Giocondo de Vérone, Les Guisti (Jean et Antoine), André de Solario furent nos premiers initiateurs à l'art nouveau. Sous leur direction, de nombreux disciples, qui devinrent bientôt des émules, firent jaillir du sol, fécondé par les inspirations de leur génie, des prodiges d'élégance et de grâce. Il suffit de nommer le château de Gaillon, en Normandie, dont le vandalisme ignorant des révolutions a détruit et dispersé les merveilles, et qui devint le prototype de l'architecture nouvelle ; ceux de *Chaumont-sur-Loire* et de *Meillon*, en Berry, appartenant, comme le premier, à la famille du libéral Mécène français, du cardinal ministre Georges d'Amboise ; ceux encore de *Chenonceaux*, d'*Azai-le-Rideau*, de *Chateaudun*, du *Vergier*, près Nantes, au maréchal de Gié, et, entre tous, le château de Blois, résidence préférée de Louis XII. A ces œuvres, si parfaites de forme et de proportions, restent attachés les noms, à jamais révérés de l'art français, de Roulland-Leroux, de Pierre Désaulbeaux, de Roger Ango, de Michel Columb, de Guillaume, de Colin Biard, de Pierre Fain, de Pierre Valence, de Pierre et Toussaint Delorme, tous « maîtres des pierres vives », dont le ciseau inspiré donnait une âme à la matière et faisait resplendir une pensée sous les voûtes d'un monument.

L'élan donné ne s'arrêta pas à la mort de Louis XII. François Ier vint après lui, qui accéléra encore le mouvement et se passionna pour des arts dont la manifestation servait si bien ses goûts pour les fêtes brillantes et les plaisirs élégants. Ses deux campagnes en Italie l'enthousiasmèrent pour les grands artistes qui en faisaient l'ornement et la gloire. Il est vrai que le génie des arts s'y élevait à des hauteurs auxquelles il ne paraissait pas que l'homme pût jamais atteindre. En moins d'un siècle il avait passé successivement de Giotto, l'immortel rénovateur, au tendre Corrége ; de Brunelleschi à Ghiberti ; de Léon-Battista Alberti à Léonard de Vinci ; de Bramante à Michel-Ange et à Raphaël. Les écoles de Venise, de Florence, de Pise, de Bologne et de Rome rivalisaient d'ardeur et de génie dans l'enfantement de chefs-d'œuvre que l'on pourrait appeler divins, si cette épithète ne ressemblait pas à une métaphore outrée sur les lèvres de l'homme. Giorgion, le Titien, Véronèse, Fra-Angélico, Serlio, Barozzi da Vignola, Palladio, Fra-Bartolomeo, Paolo Ucello, Masolino, le Corrége, le Pérugin, André del Sarto, le Primatice, pour ne nommer que les maîtres, et au-dessus de tous, comme des astres sans rivaux, Léonard de Vinci, Raphaël, Michel-Ange, brillaient au ciel de l'antique patrie des arts, pareils à d'éblouissantes constellations dont les siècles ne devaient pas affaiblir l'éclat.

François 1ᵉʳ, jaloux de préparer à la France un aussi magnifique spectacle, poursuivit, avec toute la passion d'un tempérament de feu et le goût délicat d'un esprit admirablement doué, l'œuvre si heureusement commencée sous le règne de son prédécesseur. Une seconde invasion de peintres et de sculpteurs italiens, plus pacifique et en tout cas plus glorieuse que celle de nos armées, répondit à l'appel du prince libéral et généreux, qui ne dédaignait pas d'admettre dans l'intimité de ses relations et d'honorer de son amitié les artistes qu'il jugeait dignes de cette haute faveur. Le grand Léonard de Vinci, que le roi-chevalier, dans son ardente admiration pour le talent et le caractère de cet homme de génie, appelait « mon père », quitta le Pape et Rome, malgré son grand âge, et vint s'établir au château de Clous, près d'Amboise, où la mort l'enleva, trois ans plus tard, aux élèves, depuis devenus célèbres, qu'il éclairait par ses exemples et instruisait par ses leçons. Avec lui passèrent en France le sculpteur-ciseleur Benvenuto Cellini, dont le nom dispense de tout éloge, André del Sarto, le Florentin Rosso, Paul Trebatti, le Bolonais Primaticcio, Nicole del Abbate, Sébastien Serlio, et d'autres encore, dont les exemples formèrent toute une génération d'artistes français qui s'appelèrent Jean Goujon, Pierre Lescot, Philippe Delorme, Jean Bullant, Jacques d'Angoulême, une fois le rival heureux de Michel-Ange, Jacques Nepveu, l'architecte longtemps ignoré de Chambord.

De cette époque mémorable, la plus belle de la Renaissance, date l'édification d'innombrables châteaux qui furent autant de merveilles d'architecture et de sculpture. Entre tous, brillèrent par la science du style, la richesse et le bon goût de l'ornementation : *Madrid* au bois de Boulogne, *Saint-Germain*, *Villers-*

Cotterets, Chantilli, Follembrai, le château de *Bonnival, Nantouillet, Ecouen*, la *Muette*. Il faut faire une place à part au château de Chambord, qui ne procède de l'art italien que par quelques détails accessoires d'architecture, quoique bâti au commencement du XVIe siècle, et qui marque le dernier effort et le plus sublime, une sorte de chant du cygne du style gothique, la plus magnifique conception du génie national. Le nom de Chambord vous rappelle sans doute, lecteurs, que sur un des vitraux de cette splendide création de la Renaissance, François Ier, plus volage dans ses amours que le sexe aimable dont il médisait, écrivit avec la pointe d'un diamant ce cruel distique :

<blockquote>
Souvent femme varie ;
Mal habil qui s'y fie.
</blockquote>

Au siècle suivant, la tendre et constante La Vallière, dont les sentiments et les instincts donnaient un si éclatant démenti à la dure malice du voluptueux Valois, obtint de son royal amant la destruction du malencontreux vitrail qui mettait aussi évidemment en défaut la galanterie du roi-chevalier.

Le château actuel de Montal date de la meilleure époque de la Renaissance. On est tout d'abord surpris de ne pas saisir au premier aspect la pensée de l'architecte, au milieu des lignes capricieuses qui dessinent l'ensemble de l'édifice. Mais l'œil s'habitue bientôt à cette apparente confusion, qui n'est que la variété dans l'unité, et on loue l'artiste d'avoir si heureusement échappé au banal et au convenu. Rien n'égale la vue comme le charmant désordre auquel paraissent se livrer avec un parti pris plein de grâce et d'originalité ces pignons aigus, ces tourelles aériennes, ces créneaux festonnés, ces lucarnes dressant au-dessus des combles leur couronnement gracieux, tous ces détails si élégants de forme, si légers de lignes, qu'ils paraissent se détacher de la base qui les supporte et s'élancer vers le ciel où on les dirait suspendus.

Mais ce n'est pas encore par l'ensemble de ses constructions et la combinaison de ses lignes essentielles qu'éclate le principal mérite du château de Montal. L'architecture semble n'avoir été ici que l'humble servante d'un art plus brillant et plus précieux. Elle a préparé le cadre et servi de prétexte aux magnificences du ciseau qu'un grand artiste, resté inconnu, a promené complaisamment sur toutes les parties de l'édifice. Le château, dans la pensée de l'architecte qui en conçut le plan, devait se composer de quatre corps de logis d'égale étendue, qui auraient formé une cour carrée. Les pierres d'attente qui font saillie aux angles des deux ailes seules construites, l'indiquent suffisamment. Sans doute, la mort du seigneur de Montal qui se préparait cette somptueuse résidence, ou quelque autre douloureux événement de famille, en arrêta l'exécution et la laissa dans l'état où nous la voyons aujourd'hui.

Heureusement pour le curieux et l'archéologue, les deux corps de logis, regardant l'un le nord, l'autre le couchant, dont se compose le château, sont complètement terminés et offrent un très riche spécimen de l'architecture du seizième siècle. A l'angle droit qui les joint l'un à l'autre et aux deux extrémités où s'arrêtent les constructions, ils sont flanqués de trois tours gothiques très correctes et très sévères de lignes, qui font mieux ressortir encore les gracieux ornements prodigués sur les façades de la cour intérieure. Les deux étages des constructions sont indiqués par autant de rangs de colonnes superposées, d'ordre composite où dominent cependant l'élégant ionique et le riche corinthien. Le cintre romain et la plate-bande grecque surmontée d'un fronton aigu concourent alternativement à couronner les portes du rez-de-chaussée et les croisées de l'étage supérieur. Sur les frises, l'imagination du décorateur s'est donné un libre cours. Il y a semé les arabesques en feuillages, au milieu desquelles les héros et les dieux mythologiques racontent leur merveilleuse odyssée. Cette partie des sculptures est traitée avec un goût et une habileté rares. Entre les ouvertures du premier étage on a ménagé des niches demi-sphériques, décorées de colonnettes ioniques et surmontées d'un tympan orné. Dans les niches sont placés les bustes, admirablement exécutés, des anciens seigneurs de Montal. Les murs sont couronnés d'une corniche richement sculptée qui court sur toute la longueur des deux ailes de l'édifice. Enfin, au dessus de cette corniche et correspondant aux ouvertures des étages inférieurs, on a construit, en avant des combles fuyants et couverts d'ardoises, ce qu'on appela plus tard des mansardes, et ce qui est plutôt ici un motif décoratif qu'un dessein d'architecture utile au service des bâtiments. Le couronnement de ces mansardes est formé d'une frise et d'un fronton très aigu dont la sculpture a fait de vrais chefs-d'œuvre d'ornementation.

Mais ce que l'artiste a déployé de verve et d'originalité dans la décoration des façades n'est rien encore, si on le compare à ce que l'on voit dans l'intérieur du château, où il a accompli de vrais miracles de richesse et de bon goût. Là se révèle bien, avec ses principaux caractères, cet art régénéré, un peu déréglé dans son expansion, qui favorise l'essor d'esprits échappés tout à coup au mysticisme chrétien et se rejetant avec un entraînement irréfléchi vers le sensualisme païen. On devine, dans le maître qui a donné à traduire sa pensée à l'artiste, un de ces brillants gentilshommes de la cour voluptueuse de François I*er*, qui, après avoir contemplé sous le beau ciel de l'Italie les merveilleuses créations du goût nouveau et vécu de la vie élégante et fastueuse des châteaux royaux, a voulu poursuivre au pays natal le rêve commencé ailleurs, et donner une forme immuable à ses souvenirs. Il n'est pas impossible qu'un des artistes italiens qui, vers la même époque, édifièrent le magnifique château d'Assier, près Gramat, pour Galiot de Genouilhac, amant secret de Louise de Savoie et grand-maître de l'artillerie, alors en disgrace, n'ait aussi dirigé la construction du château de Montal.

Quoi qu'il en soit, cette somptueuse résidence seigneuriale contient des œuvres de sculpture qu'un musée serait fier d'étaler dans ses galeries. Entre autres choses remarquables on y admire un escalier de belles proportions à rampe droite dont le plafond est entièrement couvert de fleurs, de figures et d'ornements en relief, distribués avec une profusion qui ne nuit en rien à l'élégance ni à l'harmonie. De plus, le dessous de chaque marche de l'escalier, qui est en pierre blanche de Carennac, est un cadre merveilleux où l'artiste a prodigué les richesses de son imagination et les délicatesses de son ciseau. Bustes d'empereurs, amours, syrènes, nymphes, coquillages, oiseaux fantastiques, fleurs inconnues, feuillages, bouquets, lions, attributs, toutes les fantaisies, tous les caprices s'y marient et s'y combinent dans l'ensemble le plus gracieux et le plus coquet.

Le château contient encore une singularité qui n'est pourtant pas unique. Il y a au rez-de-chaussée une vaste pièce rectangulaire dont la voûte demi-elliptique semble avoir été construite d'après ce principe d'acoustique bien connu, qui régit le mode de transmission des ondes sonores, et en vertu duquel deux personnes placées aux angles opposés de la salle et parlant à voix basse peuvent correspondre entre elles sans être entendues d'aucun des points intermédiaires de la diagonale.

Les murailles extérieures de Montal n'ont rien de particulier ou de saillant, si ce n'est l'encadrement à colonnes ioniques des ouvertures, surmonté d'un fronton orné, et la corniche qui marque la naissance des combles et où sont répétées les sculptures que nous avons déjà remarquées au-dessus des façades formant la cour. Tout le reste est nu et sans caractère. Et pourtant il n'est pas de voyageur, quelque indifférent qu'il soit à l'aspect d'un édifice, qui ne s'arrête étonné et pensif devant une croisée du premier étage, regardant le Nord, et placée juste en face du château de Castelneau, comme un œil implacable et toujours ouvert qui poursuit et qui accuse. C'est que sur la frise qui court au dessous du tympan de cette croisée, et précisément au-dessus d'un médaillon soutenu par deux amours, sont profondément gravés dans la pierre ces deux mots si éloquents dans leur laconisme : PLUS D'ESPOIR ! Une invincible tristesse saisit l'âme devant le témoignage de cette défaillance suprême d'un cœur brisé qui ne croit plus au bonheur. On devine qu'une grande douleur a passé par là et que ces lieux, si bien faits pour abriter la paix et les joies de la vie, ont été témoins d'un sombre drame dont la mystérieuse inscription consacre le souvenir.

En effet, il y a trois siècles, — pour les habitants qui vivent de traditions c'était hier, — à cette croisée aujourd'hui déserte et abandonnée, se montrait dans toute sa grâce, comme une céleste apparition, la noble et belle Rose de Montal. Mon ami Léon Valery, chez qui l'imagination est bien la *folle du logis*, a animé de sa poésie ardente et émue cette sympathique figure. Mais je lui reproche d'avoir méconnu le véritable caractère de Rose et d'en avoir fait une fille naïve grossièrement séduite par un débauché sans cœur, qui se joue de l'honneur des femmes. En laissant aux personnages de son drame la véritable physionomie que leur donne la tradition, il semble qu'il eût appelé sur son héroïne une pitié plus réelle et un intérêt plus grand.

Rien n'est simple et touchant comme la légende qui raconte dans ce pays la vie et la mort de Rose. L'unique héritière de l'opulente maison de Montal vivait entre son père et sa mère, qui formaient son esprit et son cœur avec la sollicitude et le soin jaloux d'un amant passionné de la nature, cultivant une plante rare et précieuse. Le caractère ferme et le jugement droit du sire de Montal, joints à la tendresse éclairée de la mère de Rose, avaient façonné l'âme de la jeune fille à la pratique de toutes les vertus privées. Aussi, quand vint pour elle l'âge où s'unissent les cœurs, de nombreux prétendants briguèrent-ils l'honneur d'obtenir sa main en lui offrant leur nom.

Rose, par son libre choix, distingua entre tous le sire de Castelneau, dont les terres étaient voisines de Montal et le plus accompli des chevaliers de la contrée. Le jeune baron, déjà vivement épris de l'esprit, des grâces et de la beauté de la riche héritière des Montal, accueillit avec un orgueil et une joie qu'il n'essaya pas de dissimuler la certitude d'un bonheur qui comblait ses vœux. Dès ce jour, Rose et Roger ne vécurent plus que l'un pour l'autre et mirent en commun leurs idées, leurs désirs, leurs sentiments. Dans l'ardeur et la sincérité de leur amour ils lièrent leurs cœurs par les serments les plus solennels et les plus doux, en attendant qu'un nœud indissoluble confondît leur existence et enchaînât leur volonté.

Le sire et la dame de Montal, heureux d'un choix qu'ils approuvaient, souriaient d'avance à l'avenir de leur fille et voyaient approcher avec orgueil l'heure où les deux plus puissantes maisons du pays uniraient ensemble leurs fortunes et leurs blasons. Mais hélas! une joie si complète, un bonheur si parfait était trop en contradiction avec les tristes réalités humaines. La vie n'est qu'une longue espérance déçue, un mirage qui nous sollicite et nous fascine, mais que nous essayons vainement d'atteindre et qui toujours fuit.

Un jour, Roger de Castelneau laissa passer l'heure des habituelles entrevues avec Rose, et quand il arriva au manoir de Montal on le vit, distrait et soucieux, se troubler sous le regard interrogateur et inquiet de sa douce fiancée. Quelque temps avant, dans une fête brillante donnée au château de Lavaur, l'héritière de ce nom, la belle et fière Eléonore lui était apparue pour la première fois dans tout l'éclat de ses attraits, que rehaussait la plus habile coquetterie. Roger se souvint de la foi qu'il avait donnée à Rose, et il essaya longtemps de résister aux puissantes séductions de l'altière beauté qui s'emparait de son âme comme une rivale. Mais ce fut en vain. L'image d'Eléonore le poursuivait jusque dans le sanctuaire où devait régner sans partage Rose de Montal. Là, il se défendit encore contre la violence d'une passion que sa loyauté lui reprochait comme un crime. Il vit les tendres soupçons de Rose, les alarmes qu'inspiraient à sa noble fiancée des préoccupations qu'elle ne s'expliquait pas, et il s'efforça de les dissiper en protestant d'une fidélité que son cœur l'accusait en secret de trahir. Trompeuses illusions d'une âme qui se fuit elle-même et qui redoute l'éclat d'une vérité importune! Les grâces provoquantes d'Eléonore de Lavaur glaçaient les paroles sur les lèvres de Roger, et elles n'arrivaient plus aux oreilles de Rose de Montal que comme l'insaisissable écho d'une voix égarée.

Bientôt, fatigué du combat qu'il soutenait contre d'invincibles souvenirs que son cœur craignait peut-être de vaincre, le baron de Castelnau renonça à la lutte et ne vint plus à Montal. Rose, abîmée dans sa douleur, attendit longtemps que le remords lui ramenât le chevalier félon, ingrat à son amour et parjure à ses serments. Elle passait de longues heures à cette croisée qui regarde le château de Castelnau, espérant toujours que le pont-levis du vieux manoir allait s'abaisser et que Roger, si beau sur son palefroi, lui allait apparaître se dirigeant vers Montal. Mais ses larmes silencieuses et ses prières à Dieu étaient impuissantes; l'infidèle ne revenait pas.

Pourtant, un jour que le ciel éclatant et pur paraissait sourire à la pauvre délaissée, une brillante cavalcade descendit la haute colline que domine Castelnau et remonta le cours de la Bave. C'était la route de Lavaur, mais elle conduisait aussi à Montal. Rose reconnut Roger. Sa poitrine faillit éclater sous les battements précipités de son cœur. Venait-il renouer avec elle la chaîne si douce et si légère d'un passé trop tôt disparu? ou allait-il porter à son orgueilleuse rivale des hommages qu'on lui ravissait? Pâle, haletante, elle attendit qu'un regard de Roger lui apprît ce qu'elle devait craindre ou espérer. Mais les yeux du sire de Castelneau se promenaient indifférents sur le paysage et ne se portaient jamais sur Montal. Rose, que l'espérance seule rattachait encore à la vie, essaie alors de ramener à elle la pensée distraite de l'oublieux chevalier. D'une voix brisée d'émotion, mais soutenue par l'exaltation de son amour, elle chante la romance tendre et passionnée que Roger se plaisait tant à écouter aux jours de calme et de bonheur. Suprême et mortelle déception! l'ingrat s'éloigne et ne regarde pas! Rose, éperdue, chancelle sous le poids de l'émotion qui l'accable, sa tête s'égare, son regard se trouble, et, sollicitée par la fatale attraction du vide, elle se précipite de la croisée du château sur le pavé de la cour, en prononçant ces deux mots, gravés sur la pierre aussi bien que dans le cœur des habitants de la vallée : *Plus d'espoir!*

Comme pour offrir un dérivatif à nos pensées, attristées par la mélancolique légende de Rose de Montal, la jolie ville de Saint-Céré surgit à nos regards du milieu d'une magnifique corbeille de verdure, où la berce depuis plus de mille ans le murmure paresseux des flots de la Bave qui l'enferme de ses deux bras dans une île enchantée. Ne croyez pas que cette ressemblance avec le Paradis perdu ait décidé les habitants de Saint-Céré à y vivre comme Adam et Eve d'une vie toute contemplative. Ils sont là 4302 se livrant à un grand petit commerce de chapeaux et de toiles qu'envierait plus d'une ville de 40,000 âmes.

Saint-Céré a deux gloires dans ses annales, également grandes, également respectées : une gloire purement humaine et une gloire exhalant une odeur céleste. La gloire humaine, c'est Antoine Lauricesque, sieur de Lagarouste, précurseur de l'illustre Vancanson, et lui-même célèbre physicien, qui eut l'immense mérite de créer et de construire ses instruments de mathématiques. Entre autres prodiges de ce genre, il fabriqua un miroir ardent si puissant et si parfait de formes, que le savant Blondel déclarait n'en avoir jamais vu de pareil, tandis que Cassini, alors directeur de l'Observatoire de Paris, écrivait à ses collègues d'Europe que la France venait d'être mise en possession du plus beau miroir ardent qu'il y eût au monde. Saint-Ceré donna le jour à Lagarouste, sans ostentation et sans bruit, en l'année 1644, au temps des fruits.

Ce que je viens de relater ici n'est que de l'histoire ; aussi, vous avez dû remarquer, lecteurs, combien il y a peu d'intérêt à l'apprendre et à le lire. Si l'on veut être réellement attaché et ému, il faut rentrer dans la légende et n'en pas sortir. Cette transition, dont je suis ma foi très content, m'amène tout naturellement à vous parler de sainte Espérie qui est la seconde gloire de Saint-Ceré, et dont cette jolie ville ne céderait pas l'honneur de l'avoir vu naître ou plutôt mourir, — et elle aurait bien raison, — pour tout l'or du monde.

On ne sait pas, au juste, où sainte Espérie a vu le jour. C'est en Querci, personne n'en doute. Mais sur quel point ? Il ne sert de rien de le demander ; on l'a toujours ignoré. Voici, du reste, très fidèlement rapporté, ce que la légende nous apprend. Sérénus, le père de sainte Espérie, vivait au commencement du huitième siècle. C'était au temps des rois *chevelus* et *fainéants*, qui ont servi de modèle aux rois constitutionnels de notre époque : comme eux, ils chassaient, mangeaient, dormaient, régnaient et ne gouvernaient pas. Livrée à l'ambition d'une oligarchie turbulente et batailleuse, qui, sous le fantôme de royauté des derniers Mérovingiens se disputait le pouvoir, la France subissait toutes les horreurs de la guerre civile et de l'anarchie. Heureux étaient les peuples, quand les *leudes* ou grands feudataires de la couronne confiaient la tutelle des descendants dégénérés de Clovis à des *maires du palais* tels que Pépin de Landen, Ebroïn, Pépin de Héristal, Charles-Martel et Pépin-le-Bref, qui se substitua enfin à la race de Mérovée et fut le premier roi carlovingien.

Sérénus était un des ducs les plus puissants de l'Aquitaine. Vassal presque indépendant d'Eude, premier roi de Toulouse, il commandait à toute la haute marche du Querci, c'est-à-dire à la contrée comprise entre le Cellé, qui passe à Figeac, et la Dordogne. Si la chronique dit vrai, qui le fait seigneur de Saint-Laurent, sainte Espérie serait née dans le château-fort qui porte ce nom, près de Saint-Céré. Mais là est précisément le nœud gordien que personne n'a su dénouer.

Quoi qu'il en soit de ce problème qui tourmente les générations depuis un si grand nombre d'années, Sérénus eût vécu puissant et heureux dans ses terres, si Ellidius, maître de la partie montagneuse et stérile du Querci, n'eût envié les richesses de son voisin des vallées, et fait les plus grands efforts pour s'en emparer. Sérénus, qui ne se souciait pas plus de partager son héritage avec Ellidius que le vénéré Pie IX de céder Rome à M. Rattazzi, résista bel et bien, repoussa son agresseur et usa de terribles représailles.

La vie des deux voisins ne fut qu'une lutte perpétuelle, mêlée de succès et de revers, dont le pauvre peuple de ces malheureuses contrées faisait tous les frais. Enfin, tant va la cruche à l'eau...; dans une dernière guerre que se firent ces deux irréconciliables ennemis, Sérénus et Ellidius perdirent la vie.

Ils léguèrent leur haine et le soin de leur vengeance à leurs fils Clarus et Ellidius deuxième du nom. Comme vous le voyez, la perspective, loin de se retrécir, s'élargissait. Heureusement, de bonnes âmes — la légende assure qu'il y en avait en ce temps-là — intervinrent; et après de longs efforts et d'habiles négociations, elles réconcilièrent les deux adversaires près de recommencer la lutte. Le prix du traité de paix fut la main de la belle Espérie, que Clarus, devenu chef de sa famille par la mort de son père, promit à Ellidius II.

Mais la résistance inattendue de la fille de Sérénus

vint déranger les calculs de Clarus et blesser profondément son orgueil. Espérie, nature craintive et rêveuse, se souciait peu de devenir la proie du brutal qui menaçait sa liberté. D'ailleurs, elle avait juré au lit de mort de Blondina, sa mère, de consacrer sa vie à Dieu et de rester vierge. Ce serment, vous le pensez bien, n'était pas du goût de Clarus, à qui les mœurs de cette époque barbare donnaient des droits et une autorité qu'il s'indignait de voir méconnus.

Il s'emporta, il commanda, il menaça ; mais ce fut en vain. Espérie, ferme dans la résolution qu'elle avait prise devant Dieu et la promesse faite à sa mère mourante, brava la colère de son frère et n'obéit pas. Alors, Clarus, et Ellidius devenu son ami, formèrent le dessein d'user de violence envers la sœur rebelle, et de l'enfermer étroitement afin de vaincre son obstination. Espérie, prévenue du danger qui la menaçait par un serviteur dévoué, s'enfuit du château où elle était née, et alla cacher sa vie et sa virginité menacée dans les forêts profondes dont la contrée était alors couverte. Clarus et Ellidius la cherchèrent longtemps en vain. Pourtant, un jour que leurs chiens battaient un fourré profond où ils n'avaient pas encore pénétré, de joyeux aboiements attirèrent leur attention. Ils accoururent et découvrirent Espérie blottie dans le tronc creusé d'un vieux chêne. Ellidius essaya encore une fois d'émouvoir cette âme insensible ; il la pressa de se rendre aux vœux de son cœur et de ne pas persister dans des refus qui l'offensaient. Il n'obtint rien. C'est à ce moment qu'Ellidius, aveuglé par le dépit, la colère et l'orgueil, prit son sabre et en asséna un coup si violent sur Espérie, qu'il sépara sa tête du tronc.

La nouvelle situation faite à l'auguste fille de Sérénus par cet événement eût été difficile pour tout autre ; mais elle ne le fut pas pour la sainte victime de la foi due aux serments les plus solennels. Espérie ramassa sa tête, afin sans doute d'en éclairer sa marche comme Diogène de sa lanterne, et poursuivit les cruels qui venaient de la décoller, jusqu'à un ruisseau peu éloigné de Saint-Ceré, et qu'on appelle, depuis ce temps-là, *ruisseau des Barbares*. Là, Espérie succombant sous le poids accablant du fardeau qu'elle soutenait entre ses mains, — car on doit pieusement penser que ce n'était pas une tête légère, — et épuisée d'ailleurs par les fatigues d'une longue course, tomba pour ne plus se relever. Cependant, avant de mourir tout-à-fait, la noble décapitée eut la douce satisfaction de voir la justice du Ciel s'appesantir sur ses meurtriers. Tandis que Clarus et Ellidius traversaient à pied sec le ruisseau malencontreux qui leur fermait le chemin, une crue subite grossit miraculeusement ses eaux et menaça de les engloutir. Ils luttèrent longtemps contre le courant, mais leurs vains efforts ne contribuèrent qu'à accroître leur désespoir et à prolonger leur agonie; après une dernière et inutile tentative, ils se noyèrent et allèrent par eau dans un monde moins bon recevoir le juste prix de leur exécrable forfait.

La légende ajoute que des bergers recueillirent les précieux restes d'Espérie, mise bientôt au rang des saintes, et les transportèrent dans un village voisin qui végétait alors misérablement sous la protection un peu négligente de saint Ceré. A partir de ce jour à jamais béni, au contraire, et grâce aux innombrables pèlerins qui vinrent prier sur le tombeau de sainte Espérie, patronne du Haut-Querci, le vilain et pauvre village s'agrandit, s'embellit, s'enrichit et devint finalement le joli chef-lieu de canton que nous voyons aujourd'hui.

Je vous ai dit que Saint-Ceré était assis dans une position des plus pittoresques. Mais il me serait impossible d'énumérer et de décrire tout ce qui fait le charme de ce site enchanteur. De belles promenades plantées d'arbres au somptueux feuillage, baignant leurs pieds dans les paisibles flots de la Bave, l'enferment de toutes parts dans son île riante et l'enveloppent d'un triple réseau d'ombre, de verdure et de fraîcheur. Par delà le second bras du ruisseau, sur la rive droite de la Bave, se dresse, comme un splendide décor d'opéra, une butte parfaitement cultivée qui suspend ses vertes pelouses à six cents pieds de hauteur. Ce monticule, isolé de toutes parts, et dont la nature, féconde en caprices, a fait un gigantque cône, se termine par un plateau elliptique de 4,000 mètres carrés de superficie, dégageant de tous les côtés ses parois taillées à pic dans le roc sur une profondeur de 15 pieds.

Sur cette base inaccessible s'appuient de vieilles murailles fortifiées, s'élevant encore de 20 pieds au-dessus du plateau qu'un fossé de 8 mètres isole et défend. Aux deux extrémités de cette scène imposante, s'élancent vers le ciel deux tours carrées, dont l'une, au sud, a 85 pieds de hauteur, et l'autre, au nord, immense, colossale, robuste comme un travail de Titan, avec ses quatre faces de 30 mètres de largeur et ses murs épais de 3 mètres, jette à 124 pieds dans les airs ses créneaux menaçants.

A voir ces formidables vestiges qui ont si glorieusement résisté aux outrages du temps, on comprend qu'une grande défiance, servie par une grande force, a pu seule élever ainsi Ossa sur Pélion, la forteresse sur la montagne, la haute tour dans la nue, la terre au ciel. Alors, on évoque le passé voilé de mystère, et le génie de Rome, éternellement fier des œuvres audacieuses et grandioses qu'il a semées dans le monde, plane, tranquille et majestueux, au-dessus des *Tours de Saint-Laurent*.

De nombreux témoignages attestent d'ailleurs l'origine romaine des fortifications que nous visitons. Non-seulement les armes, les casques, les monnaies, les poteries, les médailles trouvés en grand nombre dans le fossé qui contourne le plateau et au pied des remparts; mais encore les substructions de la forteresse, construites avec des pierres cubiques placées réticulairement, comme les cases d'un échiquier, genre de maçonnerie fort commun chez les Romains, tout, jusqu'au voisinage des *Césarines* et d'Autoire, indique que les conquérants de la Gaule avaient fait de Saint-Laurent un poste fortifié. *Saint-Laurent, Autoire,* les *Césarines,* trinité terrible dont l'œil soupçonneux et vigilant était toujours ouvert sur les vaincus, et qui n'avait pas de miséricorde pour les opprimés coupables d'avoir tenté de secouer un joug odieux !

Rien n'est curieux à voir comme cette muraille de 35 pieds de hauteur, se dressant sombre et nue sur tous les points de l'immense ellipse de 80 mètres de rayon que forme le plateau, et ne présentant sur une aussi grande étendue qu'une porte unique, en ogive, ouverte à l'orient, à laquelle on accède, d'abord au moyen de blocs de pierre superposés, et puis par un escalier étroit taillé dans la paroi du rocher qui sert de base au rempart. On croit pénétrer dans un monde inconnu sans analogie avec le nôtre, et l'on est tenté d'attendre qu'une parole magique, un talisman merveilleux déplace les pierres des murailles ou entr'ouvre la montagne sous nos pieds, pour nous introduire dans la mystérieuse région où nous brûlons de pénétrer.

Du haut des remparts de Saint-Laurent on a, sur les vallées de la Bave et de la Cère, une vue splendide. De là, encore, on commande tous les passages du Limousin, de l'Auvergne et du Cantal. Aussi, les vicomtes de Turenne, possesseurs des plus hauts fiefs du Querci et marchant au premier rang dans l'assemblée des Etats, firent ils leur principale résidence, pendant plusieurs siècles, de cette forteresse si heureusement située. Lieutenants des comtes de Toulouse et plus tard des rois de France, avec le titre de *comte du Quercy*, qui resta bien longtemps dans leur maison, les vicomtes de Turenne surveillèrent à Saint Laurent, mieux qu'ils ne l'eussent fait ailleurs, la province dont la garde leur était confiée. Ils communiquaient, du reste, assez aisément avec leur magnifique château du Limousin au moyen d'une ligne de tours isolées, passant par Monvalent et Martel, et dont les vestiges sont encore visibles sur ces deux points.

Pour aller de Saint-Laurent au château de Castelneau,

dernier terme de notre excursion d'aujourd'hui, on peut suivre deux voies, qui vont côte à côte, comme deux sœurs également jeunes, également belles, promenant ensemble leur rêverie et leur gaîté. C'est la Bave, le chemin qui marche, comme dit Pascal, et la route départementale qui longe son cours sinueux, à l'ombre des grands peupliers dont le vent du Nord incline les cimes et semble les associer ainsi, vis-à-vis du voyageur, à la politesse patriarcale des habitants de ce pays.

Après une ou deux minutes de réflexion, nous prenons la voie de terre, ayant négligé de fréter à l'avance un yacht à Saint-Ceré, et la voie de mer nous étant décidément fermée. Du reste, nous ne sommes pas fâchés de goûter longuement les charmes du paysage qui va, deux lieues durant, dérouler devant nous ses magnificences, d'aspirer atôme par atôme les senteurs enivrantes de la vallée et de contempler lentement son image, afin de ne l'oublier jamais.

A notre droite, la chaîne de collines qui de Saint-Ceré va à Castelneau se couvre, pour la joie de nos yeux, de la plus riche végétation, rompt ses lignes par les accidents les plus pittoresques, ondule avec la souplesse et la grâce d'une déesse orgueilleuse de montrer sa beauté aux hommes, se revêt enfin de toutes les séductions, de toutes les harmonies. A notre gauche la violente antithèse se dresse près de nous avec son audace et sa fougue. Ce sont les crêtes dénudées du plateau du Lot, courant du sud au nord et surplombant de six cents pieds sur la vallée, semblables à un monstre fantastique et farouche qui enveloppe sa proie d'un regard plein d'ardentes convoitises avant de se jeter sur elle et de la dévorer. C'est le démon jaloux de l'ange, le bâillon de la pourpre, le nuage du soleil. Là haut la stérilité morne, en bas la fécondité triomphante ; d'un côté la rigidité de la mort, de l'autre les mouvements joyeux de la vie ; sur la montagne, l'aridité du désert ; dans la vallée, la fraîcheur de l'oasis.

Tout est contraste, tout est surprise, tout est plaisir. C'est une chaumine posée sur un roc comme un pignon sur une tourelle ; c'est une maison blanche au toit d'ardoise, s'abritant sous les flancs de la montagne creusée en voûte, et portant un perpétuel défi à une perpétuelle menace ; c'est encore une jolie ferme s'accrochant aux pentes pour regarder le paysage, comme un point d'admiration devant un tableau de Raphaël ou une page de Bossuet ; c'est enfin le puissant contre-fort d'où les Romains entendirent jadis les clameurs d'un peuple en révolte, et qui s'avance vers la Bave ainsi qu'une falaise sur les abîmes de l'Océan. Le géant de granit se couvre d'un vêtement qui sied bien à sa force et à sa taille : il s'enveloppe d'un ample manteau de pampres verts, haut de deux cents pieds, où se suspendent à profusion les grappes dorées par le soleil de septembre ; sa flottante ceinture est faite de chênes verts dont les bouquets se balancent encore à trois cents pieds au-dessus des vignes, tandis que sa tête, dépouillée comme celle d'un vieillard insulté par le temps, surgit impassible et domine le tableau.

Nous atteignons ainsi Bonneviolle, qui n'a d'importance que pour nous, car nous avons résolu de nous y arrêter pour « réparer du temps le réparable outrage », tout uniment pour déjeûner, s'il faut absolument, lecteurs, vous parler en prose. C'est humiliant et honteux à dire : malgré la quasi spiritualité de notre nature, nous avons faim ! La collation que nous avons faite avant notre départ de Gramat est allée « où sont les neiges d'antan », selon la mélancolique expression de Villon ; et six heures de promenade à travers les rafales du vent du nord qui souffle avec rage, peut-être aussi l'enthousiasme, en même temps aigu et chronique, qui soutient notre esprit aux dépens de notre estomac, nous ont creusé outre mesure et nous rappellent enfin au sentiment de notre faiblesse et à la tyrannie de nos organes.

Heureusement, Bonneviolle est là, devant nous, qui

va prévenir un désastre et rétablir l'équilibre de nos forces à moitié détruit. Mais un incident imprévu survient alors qui complique notre situation. Nous avons compté sans notre hôte, sans l'unique hôtelier de Bonneviolle, qui est aux vignes, comme, du reste, tous les habitants de ce village en ce moment abandonné. Ce matin même, on a publié le ban des vendanges qui a dispersé le pasteur et le troupeau, et nous frappons inutilement aux portes, qui restent fermées.

Nous voilà forcés de reconnaître, dans notre malheur, que, tout bien examiné et pesé, nous avons encore des amis au ciel ; car c'est eux, à n'en pas douter, qui nous ont inspiré l'idée, mille fois bénie, de placer, à tout événement, dans la caisse de la voiture, des viandes conservées et des fruits secs qui, en mettant les choses au pire, doivent nous préserver du sort cruel réservé aux naufragés de la *Méduse*.

Faisant contre fortune bon cœur, nous nous disposons à manger, nous mangeons, nous avons mangé, et aussitôt commence notre solennel pèlerinage au vieux manoir féodal. Vous savez déjà que les ruines que nous venons explorer et qui sont une des plus grandes attractions de cette merveilleuse contrée, sont assises sur la croupe de la montagne et sur l'extrême rebord de la chaîne dont les ramifications séparent les bassins de la Cère et de la Bave. Il nous faut donc atteindre la crête des hauteurs, c'est à-dire nous élever de cent cinquante mètres pour arriver au pied des remparts.

Nous mettons trois quarts d'heure à gravir le rude sentier, perdu au milieu des vignes et embarrassé de roches roulées, qui conduit à Castelneau. Une masse sombre, de moins en moins confuse, se dresse devant nous et grandit à mesure que nous approchons. C'est la même que nous apercevions déjà d'Autoire, du camp romain, de Presque, de Montal, de Saint-Laurent, de partout, tant cette splendeur historique s'impose aux regards à tous les points de l'horizon. Encore quelques pas et un coude du chemin nous met aux pieds du géant.

Il est impossible de se défendre d'un sentiment de surprise et de vague effroi à l'aspect de ce formidable entassement de pierres taillées, qui rappelle à l'esprit la sacrilége entreprise de Babel. On ne peut se persuader qu'on a devant soi ce qui fut la demeure d'un homme fait à notre taille et à notre image, fragile et mortel comme nous. On croit aux géants de la fable devant ces murailles colossales qui nous écrasent de leurs proportions gigantesques et dont la solidité défie les siècles. Il a fallu la colère de Dieu ou la fureur d'un peuple pour en détacher quelques pierres et les rouler dans les fossés. Encore, les bras se sont ils bien vite lassés à ce travail de damné. Quand eut sonné l'heure des suprêmes représailles, il fallut se contenter de démanteler en partie ce repaire de la force bravant le droit, d'ouvrir des brèches au flot courroucé, d'abattre le pont-levis, de briser les portes, d'arracher à leur base les combles discrets, afin de laisser pénétrer un peu d'air et de lumière dans les sombres cachots où vingt générations d'hommes orgueilleux et cruels avaient accumulé des mystères de sang. Alors, la victime fatiguée s'arrêtant, laissa le soin de poursuivre l'œuvre commencée au temps et à ses inexorables auxiliaires : la plante parasite dont les racines tenaces soulèvent les pierres, l'orage qui les bouleverse, l'eau qui les ronge et les dissout, le soleil qui les brûle, la tempête qui les disperse.

Ce qui est resté du château-fort de Castelnau après le cataclysme social qui emporta le vieux monde dans les tourbillons de sa colère, frappe vivement l'imagination et saisit les sens. C'est que sur ces pierres encore debout est écrite l'histoire des douze siècles d'enfantement douloureux pendant lesquels la dignité et la liberté de l'homme, se dégageant péniblement des mœurs barbares des premiers temps, des lois arbitraires des derniers, attendaient l'heure, venue pour la société moderne, où devait briller sur l'humanité la lumière pure de la justice et du droit.

S'il faut s'en rapporter à une tradition dont des historiens et des érudits respectables se sont fait l'écho, l'origine de Castelneau-de-Brétenoux, comme celle de Bruniquel, situé sur les confins du Querci, doit être attribuée à la grande reine Brunehaut, qui vivait, vous le savez, au sixième siècle. Ces deux châteaux n'ont pas d'ailleurs que l'origine de commune entre eux : leur situation est exceptionnelle. L'un, Bruniquel, placé au confluent de la Verre et de l'Aveyron, dans une position admirable, domine les riches vallées qu'arrosent le Tarn et les deux rivières déjà nommées ; l'autre, Castelneau, est au confluent de la Cère, de la Bave et de la Dordogne, qui ont fait de cette contrée un des coins de la France les plus pittoresques et les plus riches. On ne saurait donc s'étonner que Brunehaut, séduite par la beauté des sites, y ait fondé deux de ces *villas* qui furent les palais des premiers rois francs.

Selon la tradition, Castelneau de Brétenoux et Bruniquel s'appelèrent, dans l'origine, du nom commun de *Castrum regina Brunichildis* « château de la reine Brunehaut » ou *Brunehilde*, qui est la véritable orthographe. De *Brunichildis* on fit d'abord *Bruniquelli*, puis Bruniquel, qui a ainsi gardé très visiblement l'empreinte de son baptême. Quant à Brétenoux, on est forcé de reconnaître que si ce nom a la même origine, les vicissitudes de la langue lui ont fait subir une altération qui ressemble assez à une complète corruption.

Il est vrai que les données de l'histoire, loin d'infirmer la tradition, lui communiquent cette fois un caractère de vraisemblance qui équivaut presque à la vérité. Voici des faits que personne n'ignore et qui ont dû fortifier l'opinion des historiens de Castelneau. Chilpéric et Sigebert, deux des petits-fils de Clovis, avaient pris, l'un, Sigebert, pour femme légitime Brunehaut, fille du roi des Visigoths d'Espagne ; l'autre, Chilpéric, pour concubine Frédégonde, une des servantes de son palais. Chilpéric, honteux d'une vie de désordres qui le déshonorait à ses propres yeux et à ceux de son peuple, chassa Frédégonde de son lit et demanda à Brunehaut la main de sa sœur Galeswinthe, offrant de donner pour « présent du lendemain », à la seconde fille du roi des Visigoths, les villes et pays de Bordeaux, Bigorre, Béarn, Limoges et Querci.

Galeswinthe, pour obéir à son père, qu'avaient séduit les magnifiques promesses de Chilpéric, quitta Tolède avec de sombres pressentiments, et vint épouser le roi de Neustrie, qui l'attendait à Rouen. Mais celui-ci ne vécut pas longtemps dans les bonnes résolutions qu'il avait prises. Frédégonde, aussi séduisante et belle qu'elle était astucieuse et méchante, ne tarda pas à reconquérir l'esprit du maître dépravé qui s'était accoutumé à elle. Elle redevint, de servante, la maîtresse avouée du roi et osa braver publiquement la reine. Galeswinthe, indignée de la conduite de son infidèle époux, le menaça de retourner en Espagne. Mais Frédégonde, préludant à cette longue série de crimes qui souilla sa vie, ne lui en laissa pas le temps. Galeswinthe fut trouvée morte dans son lit.

Brunehaut, brûlant de venger la mort de sa sœur et de punir ses meurtriers, souleva toute la nation franque, jusqu'aux leudes de Neustrie, qui avaient juré fidélité à Galeswinthe, et qui abandonnèrent leur roi criminel. Le *mål*, ou assemblée générale de la nation, jugea Chilpéric et le condamna, d'après toute la rigueur de la loi salique, à donner pour le *rackat du sang*, à l'héritière de la victime, les cinq villes ou pays qui avaient constitué l'apanage de la malheureuse Galeswinthe.

C'est ainsi que Brunehaut, qui, du reste, demandait la vie de Chilpéric et de Frédégonde, et que ce jugement ne satisfît pas, entra personnellement en possession du Querci. Ce point admis avec l'histoire, il est impossible de penser que l'habile reine d'Austrasie, cette âme romaine égarée dans le sixième siècle, ne eût pas mettre à profit ce que lui apprenait le génie politique des premiers conquérants de la Gaule, et reconnaître avec eux la valeur stratégique des hauteurs qui dominent les vallées inférieures du Querci. On peut même dire qu'à ce point de vue, Castelneau était plus heureusement choisi que Saint-Laurent, Autoire et les *Césarines* pour l'établissement d'un poste fortifié. Placé aux confins des vallées du Querci et à quelques pas seulement des rives de la Dordogne, il était en communication plus immédiate et plus directe avec la Loire, et pouvait recevoir plus facilement des secours de l'Austrasie, au cas, très probable, d'une revendication des domaines cédés, par Chilpéric dont les guerres fratricides remplirent le funeste règne.

Il ne vous faudrait pas croire, du reste que les forteresses étaient, au sixième siècle, ce qu'elles furent aux dixième et onzième. La *villa,* ou plutôt la *métairie* franque, pour lui donner son nom primitif, se composait de divers bâtiments groupés sans ordre et sans symétrie, qu'entourait un mur d'enceinte bastionné, protégé lui-même par une palissade ou un fossé. Aussi, en acceptant la tradition qui attribue à Brunehaut l'origine de Castelneau de Brétenoux, il ne resterait de la vieille forteresse franque que le mur d'enceinte extérieur, placé à deux cent vingt cinq pieds des fossés du château féodal, et qui enferme dans son vaste périmètre vingt milles mètres carrés de superficie.

Ceci, lecteurs, m'amène tout naturellement à vous décrire, mieux que je ne l'ai fait encore, la scène où je vous ai conduits, à mieux préciser sa position si heureusement défendue par la nature, et à esquisser le plus fidèlement possible sa formidable physionomie.

Le plan général du château de Castelneau est un triangle presque régulier dont un seul côté est accessible. Cette forme, toute singulière qu'elle soit, était assez communément adoptée au moyen âge, les besoins de la défense la faisant souvent préférer à la forme rectangulaire ou carrée. Des trois côtés du château, l'un regarde le nord et surplombe sur les bords du ruisseau de Cornac, affluent de la Cère, à quatre cents pieds de hauteur : il a deux cent cinquante pieds de développement. Le second côté, celui du sud-est, le seul qui soit accessible par le plateau qui couronne la chaîne des collines, a deux cents quatre-vingts pieds de longueur. Enfin le dernier côté, celui du sud-ouest, par lequel nous sommes arrivés au pied des remparts, présente une face de deux cent cinquante-cinq pieds d'étendue. Un fossé large de trente-cinq pieds et profond de vingt-cinq, creusé dans le roc, défend l'approche des murailles à l'est et atteint soixante-dix pieds de largeur sur les deux autres côtés. Les murs de Castelneau, enfermés par ce fossé, n'occupent pas une superficie moindre de trois mille quatre cents mètres carrés, environ deux cents mètres de plus que le fameux château de Pierrefonds, dont l'Etat poursuit à très grands frais la restauration.

Mais ce qui est plus remarquable encore que l'étendue couverte par l'ensemble des constructions du château fort de Castelneau, c'est l'aspect formidable de ses murailles. Du côté de l'Orient elles s'élèvent de 60 pieds au-dessus du plan inférieur des fossés et sont flanquées de cinq bastions qui en défendent l'approche. Une terrasse bordée d'un large parapet les couronne et s'étend de 14 mètres ou 42 pieds dans l'intérieur de la forteresse. Les deux autres côtés du château, queique défendus par les escarpements inaccessibles de la montagne, sont enfermés dans des murailles de 45 pieds de hauteur, reliées aux angles par d'énormes tours rondes, couronnées de créneaux, qui n'ont pas moins de 140 pieds de hauteur. Enfin, pour compléter la physionomie du colosse féodal, une tour carrée, qui fut le donjon de la forteresse et qui servait de beffroi, s'échappe du milieu de la masse des murailles du sud-ouest et s'élance, comme un phare au-dessus de l'Océan à 190 pieds de hauteur. C'est effrayant de hardiesse et de puissance. On dirait un défi jeté aux lois de l'équilibre et de la pesanteur.

Si j'ai réussi à faire passer sous vos yeux l'image,

même affaiblie, du spectacle imposant qu'offrent à l'archéologue et au touriste les magnifiques ruines de Castelneau, vous comprendrez sans peine combien redoutable était l'homme, baron ou duc, qui avait le pouvoir, sinon le droit, d'user et d'abuser d'une telle force de résistance, mise au service de passions violentes toujours en éveil, la convoitise, la haine, la vengeance ou l'ambition la plus effrénée. En tenant compte des instincts malheureux de notre nature, qui se révoltent constamment en nous contre les sages sollicitations de la raison et les généreuses inspirations du cœur, n'était-il pas dangereux pour une société dont la sécurité était le premier besoin, de laisser grandir et se développer dans son sein une classe d'hommes assez forts pour se livrer impunément à tous les excès, assurés qu'ils étaient de l'impuissance de leurs adversaires, et de la solidité des murailles derrière lesquelles ils se faisaient un jeu de les défier ?

Que pouvaient, en effet, les armes de jet inventées par le génie guerrier des premiers temps, catapultes, mangonneaux, frondibales, torments, balistes, contre une forteresse inaccessible de deux côtés, telle que Castelneau, et opposant vers son seul côté vulnérable deux enceintes de murailles de plusieurs mètres d'épaisseur, précédées de fossés larges et profonds, et flanquées de tours et de bastions qui vomissaient la mort sous mille formes imprévues? La difficulté et l'inanité d'une entreprise aussi périlleuse dégoûtaient même de la tenter, et le baron impuni n'en était que plus hardi à poursuivre le cours de ses injustices et de ses violences.

Il est regrettable pour le Querci que les archives du château de Castelneau aient été détruites, il y a douze ans environ, dans l'incendie qui anéantit sa bibliothèque et sa riche galerie de tableaux, en même temps qu'elle ruina la partie encore intacte du vieux manoir. Les annales des sires de Castelneau seraient d'autant plus attrayantes à lire qu'ils ont joué un rôle considérable dans les événements importants dont leur pays fut le théâtre à toutes les époques de notre histoire.

Il paraîtrait qu'au douzième siècle Castelneau était déjà une place forte de premier ordre. En 1159, lorsque Henri Ier, roi d'Angleterre, vint faire valoir les prétentions de sa femme Eléonore sur le comté de Toulouse, et assiéger notre cité, défendue par le roi de France Louis VII en personne, il dut, après d'inutiles efforts lever honteusement le siége. Mais il se vengea de cet éclatant échec en ravageant le Toulousain et le Querci, dont les défenseurs naturels avaient suivi Louis VII à Toulouse. Henry Plantagenet s'empara de Moissac et de Cahors, et vint avec toutes ses troupes mettre le siége devant Castelneau de Brétenoux qui, après une longue résistance et vaincu par la faim, dut se rendre au roi d'Angleterre.

Au siècle suivant, les sires de Castelneau étaient les plus considérables seigneurs du Querci. Le traité de paix intervenu en 1289 entre Edouard III et Philippe le Bel, et par lequel le roi d'Angleterre renonçait à jamais, moyennant le paiement de 3,000 livres tournois à ses prétendus droits sur le Querci, désignait nommément le baron de Castelneau de Brétenoux parmi les plus puissants du pays. Onze ans avant, en 1278, noble Hugues de Castelneau, seigneur de Gramat, avait été pris pour arbitre dans le différend survenu entre les frères d'Araqui, descendants des comtes du Querci, et le vicomte de Turenne, qui possédait à cette époque la moitié seulement de la Viguerie de Sainte-Espérie (Saint-Ceré).

Mais c'est au treizième siècle que les fiers barons de Castelneau atteignirent à l'apogée de la fortune et de la puissance. Le chef de cette illustre maison avait suivi Louis IX en Palestine, en 1249. Après la prise de Damiette et la terrible bataille de Mansourah, qui retarda de quelques jours à peine la ruine des croisés, il s'était distingué entre tous et à l'égal des sires Gaucher de Châtillon, Geoffroi de Sargines et Philippe de Montfort, dans cette désastreuse retraite qui n'a eu d'analogue dans la succession des temps que la fatale retraite de Russie, et pendant laquelle les plus vaillants barons de France déployèrent une constance et un héroïsme dignes d'un sort meilleur.

Louis IX, à son retour de la Terre-Sainte, récompensa magnifiquement ceux qui lui avaient donné les plus grandes marques de zèle et de fidélité et n'oublia pas le sire de Castelneau. C'est à cette date qu'il faut reporter l'édification du vaste et somptueux manoir dont nous admirons aujourd'hui les splendides vestiges. Ses maîtres furent autorisés à ajouter à leurs armes un lion debout, symbole de force et d'intrépidité, qui fit l'orgueil de leur blason. Ils portèrent dès-lors : *coupé de gueules sur l'or, la gueule chargée d'un château d'or qui était Castelneau, et l'or chargé d'un lion de gueules.* Leur fière devise fut : « Dieu aide aux seconds chrétiens, » les Montmorency étant déjà réputés les premiers barons chrétiens.

L'histoire générale a des lacunes, en ce qui concerne les Castelneau, que l'incendie dont j'ai parlé ne permettra jamais de combler. Ce n'est que de loin en loin que ce nom apparaît, mêlé à bien d'autres, dans les fastes du moyen âge. En 1369, un sire de Castelneau, en compagnie du vicomte de Bruniquel, du sire de Puicernet et du vicomte de Carmaing, neveu du pape Jean XXII, assiége dans Réalville le général Thomas de Walkaffara, qui tenait la place pour le roi d'Angleterre, et bat si vigoureusement les murs à l'aide de machines de guerre venues de Toulouse, qu'une courtine est renversée et la ville prise d'assaut, malgré la valeur héroïque de la garnison, qui est passée au fil de l'épée.

D'ailleurs, les Castelneau furent toujours les ennemis acharnés de la domination étrangère. Deux ans après que l'infortunée Jeanne Darc eut expié sur le bûcher son noble dévouement à la cause d'un roi ingrat, et trois ans avant que Paris lui-même secouât le joug odieux des Anglais, en 1433, ce fut Jean de Castelneau, évêque de Cahors, qui réunit à ses frais, en son château de Castelneau de Brétenoux, les Etats du Querci, et qui fit prendre à cette assemblée des résolutions d'une telle énergie qu'elles amenèrent, après dix-huit ans d'efforts, l'expulsion définitive des conquérants étrangers.

L'influence et la situation des barons de Castelneau grandissent encore sous le règne de Louis XI. Ce roi, dont la politique moins honnête qu'habile contribua si puissamment à ruiner la grande féodalité, avait failli être écrasé par elle pendant la guerre dite du *Bien Public*. Louis XI, qui avait imprudemment agi en dévoilant trop tôt ses projets contre ses tout-puissants vassaux, signa alors le honteux traité de Saint-Maur, et résolut de diviser ses ennemis afin de les détruire l'un par l'autre. Parmi ceux-là se faisait remarquer, par son audace et son orgueil intraitable, Jean V, comte d'Armagnac, petit-fils de ce connétable Bernard d'Armagnac, qui avait inondé Paris de sang pendant la triste folie de Charles VI. Ce fut sur lui que s'appesantit d'abord la colère de Louis XI.

Après que le duc de Guyenne, Charles de France, frère du roi, fut mort, en 1472, le gouvernement de cette province fut donné à Charles de Bourbon sire de Beaujeu, gendre de Louis XI. Le comte d'Armagnac se mit en révolte ouverte et essaya de soulever la Gascogne, où il possédait presque toutes ses seigneuries. Il tint la campagne, à la tête d'une bande de pillards indisciplinés, qui valurent à leur chef, de la part du peuple opprimé, la qualification de *canaille d'Armagnac*, jusqu'à l'arrivée du sire de Beaujeu, qui l'assiéga dans Lectoure, au mois de juin 1472. Le sire de Castelneau de Brétenoux, dévoué à Louis XI et à son gendre, se fit distinguer dans cette lutte ardente par l'implacable haine dont il poursuivait le comte révolté. D'Armagnac, désespérant du succès de sa rébellion et redoutant le sort de son père, assiégé, dix-neuf ans avant, dans l'Isle Jourdain, par Louis XI, alors dauphin, qui le fit prisonnier et l'enferma dans Lavaur, avec sa femme et ses enfants, se rendit au sire de Beaujeu, qui le reçut à merci. Mais sa soumission était feinte et cachait une trahison. Au mois d'octobre suivant, grâce aux intelligences qu'il s'était ménagées dans la place et à la défection du sire de Sainte-Bazeille, qui paya bientôt de sa tête sa félonie, le comte d'Armagnac pénétra de nuit dans Lectoure, fit prisonnier le sire de Beaujeu, ainsi que les seigneurs de Castelneau de Brétenoux, de Candale et de Montignac, et chassa les troupes du roi, après les avoir surprises et battues.

Louis XI, à la nouvelle de cet événement, jura de tirer une éclatante vengeance du vassal rebelle et de le mettre pour jamais dans l'impuissance de lui nuire. Il envoya contre lui une armée nombreuse (6 mars 1473), sous la conduite de Jean Goffredi, cardinal d'Albi, surnommé le *diable d'Arras*, à cause des sanglantes exécutions qu'il avait autorisées, douze ans avant, dans cette ville dont il était évêque, contre ceux que l'Inquisition déclarait coupables de *vauderie*. Le comte d'Armagnac, devinant l'irritation du roi par l'envoi d'un tel lieutenant, fit tous ses efforts pour détourner l'orage qui le menaçait. Il négocia et proposa comme prix d'une capitulation honorable l'élargissement du sire de Beaujeu et des barons faits prisonniers avec lui. Le cardinal d'Albi, agent docile de Louis XI, accepta et signa ces conditions. Mais lorsque le gendre du roi et ses lieutenants eurent été délivrés et que Lectoure eut été remise aux troupes royales, qui la mirent à feu et à sang, des soldats pénétrèrent dans la maison du comte d'Armagnac, et un franc-archer l'égorgea auprès de sa femme, Jeanne de Foix, enceinte de sept à huit mois.

La vengeance du roi ne s'arrêta pas là. Il avait résolu de détruire jusque dans ses racines l'arbre pernicieux qui n'avait porté d'autres fruits que la violence, le meurtre, l'inceste et le parjure. La comtesse d'Armagnac, après la mort de son mari, fut transportée au château de Buzet, où quelques jours après se présentèrent trois agents secrets de Louis XI. C'étaient maître

Macé Guervadon, secrétaire du roi, Olivier le Daim, ce barbier intrigant devenu le favori et le conseiller intime de son souverain, et le sire de Castelneau, que sa haine pour les Armagnacs associa à ces étranges compères du roi-bourgeois. Les trois envoyés de Louis XI obligèrent la comtesse à prendre un breuvage qui la fit avorter d'un enfant mâle de sept mois et détermina sa mort.

Le même sire de Castelneau, qui joua un rôle si odieux dans l'exécution des vengeances royales, fut député par les Etats du Querci, en 1483, à l'assemblée des Etats-Généraux, dont l'ouverture eut lieu à Tours, le 15 janvier 1484.

Il paraît que la famille qui avait possédé la baronnie de Castelneau jusqu'au commencement du 16ᵉ siècle, s'éteignit à cette époque, et que ses terres avec son nom passèrent en d'autres mains. Le fondateur de la maison qui succéda alors à la première fut Pierre de Castelneau, seigneur de la Rivière et de la Princerie, que le duc d'Orléans, bientôt Louis XII, attacha à son service à titre d'écuyer.

Cette seconde souche ne fut ni moins glorieuse ni moins puissante que celle qui l'avait précédée. En 1503, François-Guilhem de Castelneau fut fait cardinal par le pape Paul II. Grâce à la protection du célèbre cardinal Georges d'Amboise, dont il était le neveu par sa mère, Guilhem de Castelneau reçut en même temps que le chapeau sa nomination à l'ambassade de France à Rome. Enfin, le pape, comme dernier témoignage d'estime et de faveur, le fit son légat.

Le plus illustre de cette maison, après le cardinal, fut Michel de Castelneau, ambassadeur de France à la cour d'Elisabeth, en 1585, où il représenta son pays et défendit nos intérêts avec la plus grande distinction, au milieu des difficultés sans nombre que nous créaient alors en Angleterre les folies de la *Ligue* et l'incapacité d'Henri III. Ce fut pendant ces tristes guerres civiles, provoquées, sous prétexte de religion, par la criminelle ambition des Guises, que Guy de Castelneau de Brétenoux, seigneur de Clermont et de Lodève, fut nommé gouverneur du Querci par Henri, roi de Navarre, après que le futur roi de France eut enlevé Cahors à la tête de ses huguenots, à Jean de Vésins, gouverneur de la province pour Henri III.

Le XVII° siècle, qui donna à la France et au monde le spectacle de tant de grandeur et de tant de gloire, a consigné dans ses fastes les faits et gestes d'un Castelneau qui ne fut pas une de ses célébrités les moins éclatantes ni les moins pures. Le marquis de Castelneau, petit-fils de Michel de Castelneau, dont j'ai parlé plus haut, se signala à la bataille de Freybourg, en 1644, et, à peine âgé de vingt quatre ans, déploya toute la prudence et le sangfroid d'un vieux capitaine. L'année suivante, il se couvrit de gloire à la bataille de Nordlingen, et mérita les éloges du duc d'Enghien et de Turenne. Sa dernière action d'éclat lui valut le bâton de maréchal, mais, malheureusement, lui coûta la vie. Le 14 juin 1658, il se conduisit à la bataille des Dunes avec une intrépidité et une habileté que Louis XIV récompensa par la plus haute distinction militaire. Le marquis, maréchal de Castelneau, n'avait que trente-huit ans lorsqu'il mourut, au mois de juillet 1658, des blessures qu'il avait reçues un mois avant.

L'histoire n'a plus de mention spéciale pour la maison des Castelneau de Brétenoux, qui naufraga sans doute, comme tant d'autres, emportées par la même tempête, sur les écueils de la révolution de 89. L'abbé Expilly m'apprend seulement dans son dictionnaire géographique que, trente-cinq ans avant la révolution, en 1764, Castelneau de Brétenoux possédait encore une église collégiale dont le chapitre était composé d'un doyen et de 18 chanoines. Le détail le plus original que je découvre dans cet ouvrage, d'ailleurs très succinct, est celui qui fait connaître l'importance matérielle de Castelneau. Je le reproduis pour son archaïsme et sa couleur locale, que je n'échangerais pas contre une pierre du vieux manoir : « En 1764, dit Expilly, Castelneau comptait soixante-huit feux, dix-sept *bellugues* et *trois quarts de bellugues de feu.* ».Dominicy, dans son histoire manuscrite du Querci, complète Expilly en expliquant qu'on entendait par *bellugues* des *charbons ardents.* Si cela vous aide à comprendre j'en suis bien aise et je m'en réjouis.

Mais ce qui importe infiniment plus au touriste que le passé des barons de Castelneau, c'est la magnificence des ruines de leur château et l'imposante masse qu'elles offrent encore à son admiration. Devant un spectacle aussi saisissant, que la plume est impuissante à décrire et la langue à exprimer, parce que l'image ne saurait remplacer le corps, ni un vague son la radieuse harmonie, l'âme reste indécise entre deux sentiments et deux désirs qui se combattent et se soutiennent dans la même aspiration vers l'idéal et le beau. Elle voudrait que le temps ne ravageât plus ces précieux vestiges d'un passé qui eut ses jours glorieux ; elle demanderait que l'Etat les sauvât de la destruction qui les menace, et conservât à l'histoire et à l'art ce type admirable de l'architecture féodale, en lui rendant sa physionomie des premiers temps ; elle solliciterait une obole du budget des *monuments historiques*, le quart à peine peut-être de ce que coûtera la splendide restauration des châteaux de Pierrefonds et de Coucy, pour leur associer Castelneau de Brétenoux, qui n'est pas indigne d'eux, et qui raconterait aux générations étonnées, avec les deux géants féodaux ses contemporains, les grandeurs et les misères d'un passé éteint.

Et pourtant, l'âme du touriste serait attristée s'il voyait le dix-neuvième siècle porter une main profane sur ces reliques de l'histoire, comme l'ethnologiste indiscret se sent ému en dépouillant la momie égyptienne de ses bandelettes sacrées ; il lui semblerait qu'on va détruire l'œuvre en la restaurant ; que rien ne pourra remplacer cette patine, chère aux archéologues, que donnent les siècles aux vieux monuments, et qui les enveloppe d'une incomparable poésie ; il redouterait l'entreprise sacrilége qui remplacerait la fleur des ruines, posée comme un sourire entre les assises de pierre, par le ciment qui les enlaidit en les protégeant ; il gémirait de voir détacher les mousseux lichens, aux colorations calmes et douces, dont les tons s'harmonisent si bien avec les teintes des vieilles murailles ; et il maudirait le vandale qui tenterait d'arracher à l'antique manoir l'épais et somptueux manteau de lierre qui lui fait une seconde beauté, plus précieuse encore que la première.

Les ruines de Castelneau ont eu, dans ces derniers temps, un sort singulier. Il y a douze ans à peu près, le propriétaire d'alors occupait, au sud-ouest, la seule partie du château qui fût encore habitable. Il y avait là une admirable galerie, toute décorée de peintures à fresque et renfermant une grande quantité de tableaux et d'objets d'art, qui ne mesurait pas moins de cent vingt pieds de longueur ; le même corps de logis contenait aussi l'ancienne bibliothèque des barons de Castelneau. Le maître de ces richesses, inspiré sans doute par la plus vulgaire prudence, avait pris la précaution, fort naturelle d'ailleurs, de faire assurer contre l'incendie ses œuvres d'art, ses livres et le château lui-même. Or, par une coïncidence fatale, où les plus malins virent le résultat d'un calcul prémédité, un violent incendie détruisit l'aile habitée du château de Castelneau, peu de temps après la signature du contrat qui prémunissait l'assuré contre les conséquences matérielles de la catastrophe si inopportunément survenue, et lui réservait, en ce cas, une très grosse indemnité.

La cause du sinistre est restée couverte d'un voile que les malveillants soulevèrent à leur manière. Vous connaissez l'arme terrible de maître Basile : « La calomnie, docteur ! la calomnie ! » Les soupçons qui attribuaient l'origine de l'incendie à celui qui devait en recueillir les avantages pécuniaires prirent une telle consistance que les compagnies d'assurances réclamèrent une enquête. Cette enquête n'eut pas lieu. Le possesseur de Castelneau pensa que, pas plus que la femme de César, il ne devait même être soupçonné. Il renonça à ses droits et ne réclama que la valeur vénale du château qui dut être *vendu aux enchères!* Il ne manquait à l'orgueilleuse résidence des fiers barons féodaux que cette dernière humiliation ! Puisque les murs du vieux manoir ne se sont pas écroulés de honte ce jour-là, ils peuvent défier les dieux et les hommes ; rien ne prévaudra contre leur éternité.

Et, — le croirez-vous, lecteurs ? — le jour où l'on mit à l'encan cette majesté tombée, ses sublimes haillons faillirent ne point trouver d'acquéreur. Arrondissement, département, gouvernement, tout cela fut indifférent. La misère fait peur aux riches et aux puissants ! Cependant, un homme se présenta à la vente, et, grâces aux dieux, ce ne fut pas un maçon ! Les belles ruines du château-fort de Castelneau de Brétenoux furent adjugées au prix... je n'ose pas le dire ; les archéologues en pleureront... Vous voulez le savoir ? au prix de *deux mille francs !!* Amère dérision de la destinée ! L'œuvre qui avait coûté peut-être les sueurs et les larmes de toute une génération de serfs et de vilains, appartenant corps et biens à leur impitoyable seigneur et maître ; l'œuvre qui représentait, en tailles, rentes, redevances, cens, dîmes et corvées, la fortune d'un roi, était vendue au prix de viles pierres mises au rebut ! Vanité des choses humaines ! eût dit Bossuet.

L'adjudicataire du château de Castelneau a fait plus, pour l'amour de l'art, en dépensant deux mille francs, que ne le pourrait faire M. de Rothschild en payant deux millions une de ses fantaisies de banquier-roi. Le nouveau châtelain n'est autre, en effet, que l'humble desservant de la commune, pasteur respectable et vénéré qui, s'il est le plus heureux des hommes, ne m'a pas paru du moins le plus fortuné.

C'est à lui que nous nous adressons pour pénétrer dans l'intérieur de la vieille forteresse féodale, qui n'est pas moins intéressant à explorer que les fortifications extérieures. Avec une bienveillance dont nous lui sommes reconnaissants, M. le curé de Castelneau nous fait l'honneur de nous accompagner lui-même dans notre promenade rétrospective, à travers les souvenirs d'une société si différente de la nôtre et d'une époque si loin de nous.

Nous franchissons les fossés du château sur un point où ils ont été comblés par les pierres détachées de quelques pans de muraille en ruine, et les débris du pont-levis, qui s'abaissait au niveau du seuil d'une porte de bois, basse et massive, presque entièrement couverte de gros clous de fer à tête ronde, vers laquelle nous nous dirigeons. Je n'ai pas mission de vous dire ce qu'éprouve mon compagnon de route en ce moment. Mais, quant à moi, je vous affirme qu'en voyant s'ouvrir cette porte et ce passage sombre, creusé dans l'épaisseur des murailles du château, il me semble que je deviens taillable et corvéable à merci, qu'un moment de colère ou d'humeur de mon redouté suzerain m'a rendu coupable ou suspect à ses yeux, et que, s'inspirant de la raison du plus fort, il m'appelle dans son menaçant donjon pour m'y faire expier cruellement, sans autre forme de procès, l'injustice et la tyrannie de ses soupçons.

Sur notre passage, une porte à arcade élevée donne entrée, à notre gauche, dans une immense écurie capable de contenir trois cents chevaux. La voûte circulaire et très belle de lignes de cette vaste pièce indique suffisamment que cette partie du château de Castelneau a été construite avant le douzième siècle, époque où l'ogive vint remplacer le plein cintre et affranchir pour longtemps l'architecture nationale de toute tradition grecque ou romaine.

Le couloir que nous parcourons nous conduit dans l'ancienne *cour d'honneur* du château où nous attend le spectacle le plus navrant. Une double cause de destruction y a amoncelé les ruines avec un déplorable acharnement. Au temps, qui met des années pour accomplir son œuvre fatale, et qui imprime un cachet de majesté et de poésie aux murailles sur lesquelles sa main semble s'appesantir à regret, est venu se joindre l'incendie, qui fait en une heure le travail dévastateur des siècles, qui calcine et noircit les pierres, les bouleverse et les jette sans art sur le sol, et dont les affreux ravages déshonorent, aux yeux de l'archéologue, les lieux qu'il atteint.

Ce malheur fut d'autant plus grand que, précisément, cette cour d'honneur offrait un contraste aussi heureux qu'inattendu avec les grandes lignes si sombres et si sévères de la forteresse, et éclatait comme un rayon de soleil dans un ciel d'orage.

La Renaissance, là aussi, avait prodigué ses grâces enchanteresses et transformé le sombre manoir en un délicieux séjour. Ce qui reste de tant de merveilles, aux trois quarts détruites, suffit pour faire naître des regrets et augmente leur amertume.

C'était une terrasse inondée de lumière, le long de laquelle courait, svelte et légère, une balustrade de pierre sculptée, encadrant des lambeaux d'azur dans ses capricieuses arabesques, comme fait le joaillier de la riche lazulite et du précieux saphir; c'étaient des balcons s'arrondissant en corbeilles et suspendant aux croisées leurs fines colonnettes, fouillées par le ciseau, comme des festons de fleurs; c'étaient des fresques du coloris le plus délicat, des détails d'ornementation qui idéalisaient la matière et lui donnaient une âme; c'était tout ce que la richesse opulente des barons de Castelneau avait su déployer d'élégance sans afféterie et de faste sans mauvais goût.

Tout cela s'animait des mille bruits qu'apportaient avec eux les joyeux convives du château; des gracieux atours des nobles châtelaines; des frais éclats de rire des héritières de la contrée, aux jours des fêtes renommées de la Chevalerie, dans ces brillants tournois où, le casque en tête, la visière baissée et la lance au poing, l'impatient chevalier, pressant les flancs du destrier fougueux, disputait le prix de la force et de l'adresse, sous les yeux de sa *dame*, dont il était fier d'adopter et d'honorer les couleurs, à un adversaire épris du même culte, soutenu par la même ardeur et animé du même désir.

De ce cadre et de ce tableau, il ne reste plus qu'un souvenir dans la mémoire du peuple, le moins sombre que nous ait laissé le moyen âge, et dans ce château que des colonnes brisées, des toits et des plafonds effondrés, des galeries dévastées où pleure le vent, comme si sa voix contenait l'âme de ceux qui furent témoins de tant de splendeurs perdues.

Il y a cependant dans la partie du vieux manoir qui regarde le couchant, quelques salles dont les voûtes intactes ont des peintures à fresque assez bien conservées. On remarque, entre autres, l'oratoire des barons de Castelneau, dont les murailles et le plafond sont couverts de dorures et de sculptures du plus riche effet. Mais la pièce où le visiteur s'arrête avec le plus d'intérêt, est une sorte de rotonde de huit à dix mètres seulement de superficie, dont la voûte à arêtes porte à la clef un crampon de fer profondément scellé dans la pierre. Le plancher de cette salle est percé au centre d'un trou rond de quatre-vingts centimètres de diamètre, comme serait l'ouverture d'un puits. Un rebord en forme de margelle fait saillie d'un pied à peu près au-dessus du sol. Cette salle, qui a gardé le nom d'*Oubliettes*, servait de soupirail à un caveau creusé au-dessous, où bien des drames ont eu leur sanglant dénouement. Un fait brutal donne, d'ailleurs, à cette assertion un sombre caractère de vérité. En 1819, en explorant cette partie du manoir féodal, on découvrit dans le caveau placé au-dessous des *Oubliettes* sept squelettes enchaînés!

Voici, d'après la tradition, à quels événements se rattache la terrible tragédie dont fut le théâtre la tour occidentale du château. Vous savez qu'au mois de mars

1473, le sire de Castelneau, avec Macé Guervadan et Olivier-le-Daim, âmes damnées de Louis XI, était allé au château de Buzet, où l'on tenait enfermée la veuve de Jean d'Armagnac, et l'avait forcée à prendre un breuvage qui causa son avortement et sa mort. Cette lâche vengeance du roi, exercée contre une femme, souleva d'indignation tous les amis de la puissante maison d'Armagnac. Le plus acharné et le plus redoutable d'entre eux, le sire d'Albret, se fit le champion de l'infortunée comtesse contre les dociles instruments de la politique royale, et résolut de venger sa mort sur le sire de Castelneau, dont le zèle déployé dans l'odieuse mission de Buzet avait été particulièrement remarqué.

Donc, par une froide nuit du mois de mars 1473, sept pèlerins vinrent demander l'hospitalité au manoir de Castelneau. Ils se disaient gentilshommes et prétendaient arriver de Beauvais, où ils avaient fait vœu d'accomplir un pèlerinage à Notre-Dame de Roc-Amadour, si la *bonne Vierge* les préservait de tout accident pendant le siége mémorable qu'avait soutenu cette ville, au mois de juin précédent, contre les troupes de Charles-le-Téméraire, duc de Bourgogne, et où Jeanne Hachette avait déployé un si glorieux héroïsme.

Le baron de Castelneau ordonna d'abaisser le pont-levis et de lui amener les pèlerins. Le regard de ces hommes, conduits en Querci par une pensée pieuse, lui parut étrange. Ses soupçons éveillés, il ne songea plus qu'à leur arracher le secret qu'ils paraissaient vouloir soigneusement garder. Le fameux Coictier, médecin et favori de Louis XI, avait donné au sire de Castelneau la recette d'un philtre qui, mêlé aux boissons les plus froides et les plus calmes, eût rendu loquace un muet et indiscrète une porte close. En possession de ce moyen infaillible d'investigation, le baron, élevé à la cour d'un roi qui avait adopté pour principe de gouvernement la maxime politique bien connue : *Qui nescit dissimulare nescit regnare*, dissimula ses préoccupations devant ses nouveaux hôtes, les accueillit avec empressement et courtoisie et les fit conduire dans une aile du château très éloignée de celle qu'il habitait afin de leur laisser l'apparence de la plus grande liberté.

Une heure après, des passages secrets, connus de lui seul, amenaient le baron dans la pièce contiguë à celle où étaient réunis les pèlerins, occupés à fêter leur arrivée en Querci devant la table chargée de mets succulents et de vins exquis qu'il leur avait fait servir. Grâce aux effets du philtre, qui trahit les convives malgré leur extrême circonspection et leur sobriété, leurs projets furent bientôt révélés à l'hôte qui les accueillait. Le baron avait près de lui sept bandits déterminés, soudoyés par le sire d'Albret pour mettre le feu au château de Castelneau et, à la faveur de l'incendie, en assassiner le maître. Vous pensez bien que le sire de Castelneau ne perdit pas de temps, après la terrible révélation qui justifiait ses soupçons. Il rassembla en silence ses hommes d'armes, fit garder toutes les issues et surprit les envoyés du sire d'Albret avant qu'ils eussent pu mettre à exécution leurs sinistres projets. Que devinrent ces hommes? Ceux qui les avaient vus franchir le seuil du manoir ne les virent jamais sortir, et plus de trois siècles après cet événement, on découvrait les sept squelettes *oubliés* dans les cachots du donjon et liés encore aux chaînes de fer qui les avaient attachés vivants.

Après les *Oubliettes*, la partie du château de Castelneau la plus curieuse à visiter est sa vieille chapelle. Elle date du huitième ou neuvième siècle et possède des sculptures et des peintures qui révèlent bien cette époque de l'art où le sentiment de la forme et du mouvement du corps humain, dédaigné ou méconnu du froid hiératisme byzantin, faisait place à la raideur et à la gaucherie des mornes figures, toutes copiées sur le même type, dont la tradition se perpétua jusqu'à la venue du grand Giotto. Sur l'autel de la chapelle est un grand Christ en bois, qui dénote chez l'artiste qui l'a sculpté l'absence de toute notion anatomique. C'est d'une naïveté de formes qui peut nous donner une idée assez exacte des faibles progrès qu'avait faits l'étude des sciences naturelles en France, sous les règnes glorieux de Pépin-le-Bref et de Charlemagne.

Un singulier détail de mœurs est indiqué par une peinture à fresque représentant Jésus-Christ et ses apôtres. Au-dessus de la tête de saint Pierre est inscrite la qualification de *Monseigneur*, tandis que les collègues du pêcheur de Galilée sont traités plus modestement de *Monsieur*. Mais les uns et les autres sont ennoblis par les fiers barons de Charlemagne. L'orgueil féodal ne permettait pas aux guerriers francs d'honorer d'aucune sorte de culte un manant ou un vilain. Aussi la caste guerrière élevait-elle les humbles disciples du Christ jusqu'à elle, afin de pouvoir s'humilier sans honte devant des êtres qui lui fussent au moins égaux par le rang et supérieurs par la sainteté.

A quelques pas de la chapelle, nous visitons un de robustes bastions qui défendaient les murailles a nord et leur servaient de contreforts. Un escalier de pierre à rampe courbe nous fait pénétrer dans un passage souterrain qui reliait entre elles toutes les parties de la forteresse, et aboutissait à un vaste corps de garde creusé dans les entrailles même de la montagne. On est effrayé en songeant au temps et aux fatigues qu'a dû exiger un semblable travail que le budget d'un Etat serait seul capable aujourd'hui d'entreprendre et d'exécuter.

Les derniers instants que nous passons à Castelneau, instants trop rapides et trop courts, nous les employons à gravir l'escalier sans fin qui nous élève au faîte du donjon. De là, notre vue embrasserait l'infini, si elle n'avait des limites étroites et bornées, et si la forme particulière de notre planète ne semblait toujours consommer au bout de l'horizon l'éternelle alliance de la terre et du ciel. Nous dominons l'immense plateau du Lot, malgré ses six cents pieds d'élévation au-dessus des vallées qui sont à nos pieds.

Le château de Loubressac, qui est à Castelneau ce que sont les *Arènes* de Nîmes au prodigieux *Colisée* de Rome, dresse devant nous ses épaisses murailles et ses tours crénelées, qui ont défié les assauts des hommes et des siècles sur les crêtes inaccessibles qu'elles couronnent. Loubressac est une des trois mille forteresses du Querci que Charles V offrit à Edouard, roi d'Angleterre, en 1377, pour terminer la querelle qui ensanglantait la Guyenne et troublait le repos de notre patrie. Grâce aux proportions relativement exiguës de ce château, si pittoresquement posé au sommet d'un rocher à pic, il a pu toujours être restauré à peu de frais et maintenu dans l'état où l'édifièrent ses maîtres au Xe siècle. Il est un des plus beaux ornements de la perspective et un des plus splendides points de vue du Querci.

Dans la même direction du nord-ouest, la Dordogne, élargie déjà, reçoit, presque au pied de Castelneau, les tributs de la Bave, du Cornac et de la Cère, et arrose des lieux qui lui doivent leur fécondité et leur charme. Parmi ceux-là et très près de nous, nous distinguons avec un intérêt tout particulier, la petite ville de Carennac, à laquelle se rattache le souvenir d'un des plus beaux et des plus sympathiques génies de notre nation. Fénelon était abbé de Saint-Valery et prieur de Carennac, quand il fut nommé à l'archevêché de Cambrai (1695).

C'est dans le vieux monastère de l'ordre de Cluny, fondé à Carennac par Saint Odilon, il y a huit siècles, que l'immortel auteur des *Dialogue des morts*, de l'*Education des filles,* du *Télémaque*, a écrit ces pages merveilleuses où le cygne de Cambrai a laissé déborder toutes les grâces de son imagination, toutes les tendresses de son cœur. C'est au quatrième étage de la haute tour que le soleil couchant, caché derrière l'abbaye, estompe vigoureusement sur le ciel bleu, qu'est la chambre modeste et nue, appelée encore *cabinet de Fénelon,* où l'illustre philosophe a écrit, dans un langage inimitable, la plupart des chefs-d'œuvre qui font l'admiration du monde.

En face de Carennac et au milieu des flots de la Dordogne, surgit l'*île de Calypso*, nid de verdure, tout empreint de fraîcheur et de poésie qui a fourni les couleurs de sa riche palette au peintre incomparable du séjour aimé de la déesse. C'est sous les ombrages de cette île, à laquelle toutes les grandeurs et les beautés de la nature font une perspective unique, devant les montagnes de l'Auvergne qu'il a chantées, devant les hautes collines du Limousin, au milieu de vallées riches de tous les dons, que le sublime rêveur, alors précepteur du duc de Bourgogne, petit-fils de Louis XIV, préparait le *Télémaque*, code de morale sociale et politique qui paraît chimérique tant il est beau, et dont l'application eût sans doute préservé la France de l'effroyable bouleversement dont la sanglante trace ne s'effacera jamais de nos annales.

En se détachant de Carennac, notre vue s'arrête, à quelques kilomètres plus loin, sur un des plus grands souvenirs de notre histoire nationale. Une montagne escarpée, enfermée entre deux ruisseaux, la *Tourmente* et la *Sourdoire*, nous montre la place qu'occupait *Uxellodun*, dernier refuge de la liberté gauloise. Plus loin encore, c'est Martel, où mourut le fils révolté de Henri II, roi d'Angleterre, et un des champs de bataille où les Sarrasins furent vaincus par Charles-Martel, qui laissa aux lieux témoins de son triomphe son glorieux surnom. Ce sont encore les derniers vestiges de la belle résidence des vicomtes de Turenne, une des maisons les plus puissantes du Limousin et du Querci, qui arrêtent un instant nos regards. Aux quatre côtés du ciel, partout et toujours, l'histoire est là pour consacrer une gloire et préserver un nom de l'oubli, dans cette contrée merveilleuse si propre à la lutte, si bien faite pour exciter des convoitises immodérées, et où il semble que se soit résumé le passé de l'humanité.

Mais le soleil décline rapidement à l'horizon et empourpre de ses feux obliques les cimes des grands arbres et le sommet des hautes collines. Le jour aura à peine assez de rayons pour éclairer les vingt-cinq kilomètres de route qui nous séparent de Gramat. Il nous faut dire adieu à tout ce qui nous entoure, avant que notre vue s'en soit rassasiée, avant même qu'elle ait pu en imprimer dans l'esprit l'image trop fugitive. Ces deux rivières et ce large ruisseau dont notre œil embrasse le cours tout entier, de leur source à leur embouchure, malgré les capricieux méandres qu'ils forment en se promenant au milieu des arbres et des fleurs ; ce fleuve magnifique qui serpente avec majesté entre ses deux rives de verdure; ces vallées, ces collines et ces montagnes; ces perspectives qui font rêver, cette végétation exubérante, ces rochers, ces vieilles ruines, ces châteaux crénelés, tous ces enchantements, toutes ces splendeurs vont se voiler d'ombre et de mystère et demander au repos fécond de la nuit de nouveaux charmes pour le lendemain.

Nous redescendons, pensifs et rêveurs, l'escalier de la tour géante de Castelnau, veuve du beffroi qu'au temps passé y agitait, aux heures d'alarme, le guetteur de nuit ; et nous quittons l'antique manoir avec cet invincible sentiment de mélancolie que l'on éprouve en se séparant d'un ami près de qui on se sentait heureux de vivre, et près de qui on eût été heureux de finir ses jours.

Une heure et demie après, nous sommes de retour à Gramat, grâce à l'excellente allure de nos chevaux, aussi pressés que nous de rentrer au gîte.

Le lendemain de ce jour dont le souvenir restera profondément gravé dans ma mémoire, nous nous reveillons au lever du soleil, aussi dispos que la *Belle au bois dormant*, après ses cent ans de paresseuse léthargie; nous devons ce bien-être rare au calme sommeil du juste que les fatigues de la veille nous ont procuré. Le temps est splendide, le ciel radieux. L'impétueux vent

du Nord, — Borée, eût dit Baour-Lormian — s'est
apaisé dans la nuit, et le soleil va régner sans partage
dans son vaste domaine, avec cette majesté un peu fière
dont l'éclat éblouissant importune à la longue plus encore qu'il ne réjouit.

Malheureusement, le train qui doit me ramener à
Toulouse passe à Gramat à quatre heures quarante minutes du soir, et ne me permet pas de faire aujourd'hui
une excursion aussi complète ni aussi féconde en émotions que celle d'hier. En revanche, si j'en crois mon
complaisant *cicérone*, elle sera plus extraordinaire encore, peut-être, grâce à l'étrange phénomène qu'il va
m'être donné de comtempler et à la puissante impression que provoque nécessairement sa vue. M. Victor
Alayrac se propose, en effet, de me montrer, avant
l'heure du départ, le *Puits de Padirac*, une des singularités physiques le plus capables d'émouvoir la curiosité
et d'exciter l'intérêt du touriste et de l'observateur.

Nous nous enfonçons de nouveau, un peu plus au
nord cette fois, dans les vastes solitudes du *plateau du
Lot*. De ce côté encore, la nature a de longs sourires
qui font oublier, pendant quelques instants, l'implacable fatalité qui pèse depuis le commencement des choses sur cette contrée déshéritée. Mais ils éclatent toujours comme des contrastes et servent de repoussoir à
la monotone stérilité du plateau calcaire.

Nous atteignons bien vite les limites du Causse et
nous retrouvons le fécond Limargue, où il semble
qu'une fée bienfaisante a changé le roc en limon, et,
renouvelant le miracle de l'Evangile, a ressuscité Lazare et fait sortir la vie du tombeau. Nous sommes
entrés dans la région des *vallées sans issues*, une des
plus curieuses anomalies de la nature, tout à fait particulière au Querci, et qui n'a peut-être son analogue
nulle part.

Vous savez, sans aucun doute, qu'une vallée, dans le
sens propre et exact du mot, est un sillon plus ou
moins large, plus ou moins profond, tracé entre deux

chaînes de hauteurs, collines ou montagnes, par un cours d'eau qui s'est ainsi ouvert un passage pour aller à la rivière s'il est ruisseau, au fleuve s'il est rivière, et du fleuve à la mer. Aussi avez-vous remarqué que toute vallée est au moins ouverte d'un côté par où s'écoulent les eaux de source et les eaux de pluie.

En Querci, le spectacle est plus singulier. Sur l'immense plateau qui s'étend de Martel à Figeac et de Gourdon à Lacapelle-Marival, la plupart des vallées sont de vastes entonnoirs, s'isolant ou se groupant sur plusieurs kilomètres d'étendue, mais redressant leurs parois de tous côtés, comme pour retenir les eaux du ciel, que l'imperméable calcaire laisserait s'échapper sans en recueillir le moindre profit.

Comment se sont formées ces vallées ? Il me semble qu'on ne peut expliquer ce phénomène mieux que ne le fait la géologie. Les géologues pensent que, postérieurement au refroidissement de la surface du globe, après le cycle des grandes révolutions terrestres qui donnèrent à notre planète sa physionomie actuelle, des catastrophes locales déterminèrent l'affaissement du sol sur quelques points du plateau du Lot, et créèrent ces *vallées sans issues* qui ne sont autre chose que des dépressions fortuites, survenues en dehors des lois générales.

Dans ce pays, sillonné en tous sens par des cours d'eau qui le creusent et le minent depuis des centaines de siècles, cette théorie a toutes les apparences de la certitude. A des époques indéterminées et successives, l'élément liquide, entraînant lentement les sables sur lesquels s'appuie la montagne et dissolvant le rocher qui supportait sur sa voûte les couches supérieures du sol, a dû provoquer des ruptures et des écroulements sur les points privés accidentellement de base. Dans les temps historiques, des catastrophes semblables se sont produites et sont venues confirmer les assertions de la science, aux dépens de milliers de victimes englouties dans des abîmes jusqu'alors ignorés.

C'est à ces phénomènes physiques que le plateau du Querci, situé à une altitude moyenne de 450 mètres au-dessus du niveau de la mer, doit cette fécondité surprenante qui, sur quelques points, rompt brusquement avec l'aridité de la roche nue et étonne le touriste autant qu'elle l'émeut et le réjouit. Les vallées du haut Querci sont, en effet, les réservoirs naturels où viennent se réunir, non-seulement les eaux du ciel qui apportent aux plantes des éléments de vie sans lesquels elles périraient, mais encore les débris mêmes de la montagne, brisée par la foudre, décomposée par l'air, dissoute par l'eau, pétrie par l'orage et rendue féconde par l'action combinée de toutes ces causes. Si le plateau calcaire fut resté ce qu'il dut être aux premiers jours de la formation du globe, une surface plane et sans abri, éternellement balayé par les tempêtes qui y promènent leurs ravages, il n'eût contribué qu'à enrichir les vallées inférieures du Lot et de la Dordogne des principes fécondants qu'il ne pouvait retenir chez lui et soustraire à la colère des éléments.

C'est près de Mordesson, à cinq ou six kilomètres de Gramat, que commence la série des vallées sans issues, dont la splendide végétation contraste si heureusement avec la monotonie des paysages du *Causse* et dont le pittoresque enchante l'œil. De tous côtés, de gras pâturages étalent leurs magnifiques tapis de verdure et couvrent d'un riche vêtement la triste nudité du roc.

Cependant, à l'entrée du village de Mordesson, une pierre rectangulaire, ressemblant assez par la forme et les proportions au dolmen druidique, surgit isolément du milieu d'un pré et s'y étale, sans que la moindre mousse, le moindre lichen ait jamais osé ternir sa blancheur immaculée. Mais une puissance occulte interdit à toute végétation d'envahir *la table de Mautauli* le sorcier.

Mautauli, quand il vivait, était le commensal des habitants de Mordesson et l'hôte du diable. Il allait chaque jour de porte en porte, un bâton noueux à la main et une besace sur le dos, demander à la charité publique les aliments dont il devait se nourrir. La nuit venue, il vidait sa besace sur la pierre de la prairie et invitait à dîner Satan lui-même. Celui-ci accourait à son appel, transformait en mets succulents les misérables dons des villageois, et se livrait avec le sorcier à des orgies dont l'enfer se réjouissait.

Ce ne fut qu'à la mort de Mautauli que les habitants de Mordesson surent ce qu'était l'hôte qu'ils accueillaient sans défiance à leur foyer. Ils allaient lui faire une dernière charité et l'inhumer en terre chrétienne, quand vint le diable, qui l'emporta. Depuis ce temps, on a placé une croix de bois devant la *table de Mautauli*, pour conjurer les maléfices du sorcier et écarter de Mordesson les malheurs que sa réprobation pourrait attirer.

A deux ou trois cents mètres du village, nous entrons dans la longue et magnifique allée de vieux châtaigniers qui conduit à la porte du château de Mordesson, propriété de mon hôte. Là s'arrête toute route carrossable, comme si la civilisation n'allait pas plus loin. Au-delà, les sentiers se perdent au milieu des châtaigneraies et des bois de chênes qui couvrent en grande partie les solitudes de la région presque inhabitée que nous allons bientôt explorer. Aussi devrons nous prendre deux précautions indispensables avant de poursuivre notre excursion : remiser au château les chevaux et la voiture, qui embarrasseraient notre marche plutôt qu'ils ne la favoriseraient dans ces voies perdues, et lester notre estomac, afin d'établir solidement l'équilibre de nos jambes et de nous prémunir contre les rudes fatigues qui nous attendent.

Le château de Mordesson n'a rien de la physionomie sinistre des manoirs féodaux, qui faisaient aux barons d'humeur batailleuse une situation dangereuse pour leurs ennemis et menaçante pour leurs voisins. Jamais un pont-levis ni un fossé ne lui donnèrent l'aspect d'une citadelle ou d'une prison. C'est la confortable habitation du gentilhomme-campagnard accessible à tous, vivant au milieu de ses vassaux en père plutôt qu'en maître, et préférant être aimé et béni pour ses bienfaits, que redouté et maudit pour ses exactions.

Aussi, les seigneurs de Mordesson n'ont-ils pu faire souche de guerriers illustres ; aucun chevalier bardé de fer n'en a franchi à aucune époque le paisible seuil, pour tacher de sang son orgueilleux blason, dans les guerres fratricides que se firent de tous temps les peuples entre eux, et parfois les citoyens insensés d'une même patrie. En revanche, il est vrai, Mordesson se glorifie d'avoir donné le jour à un homme de grande science et de grande vertu qui honora son pays et l'humanité.

C'est dans le château de ce nom que naquit, en 1622, Raymond-Antoine de Fouilhac, dont le savoir universel le fit l'émule de Cassini, comme son inépuisable charité évangélique l'avait fait l'ami de Fénelon et le *Père des prêtres*, ainsi que l'appelèrent ses contemporains. C'est lui que Louis XIV envoya en Querci en 1675, pour ramener à l'obéissance les protestants révoltés, pendant la guerre impolitique et ruineuse qui aboutit, après six ans de lutte, au traité de Nimègue. L'éloquent apôtre de la paix eût la douce joie de convaincre et de persuader ses malheureux compatriotes, écrasés d'impôts, menacés dans l'exercice de leur culte par des vexations et des violences qui présageaient déjà la révocation de l'édit de Nantes : il leur fit oublier leur misère et leurs griefs et leur apprit à supporter patiemment des maux qu'il s'affligeait de ne pouvoir soulager. L'abbé de Fouilhac fut encore un des plus savants antiquaires de son temps, et, en fils reconnaissant et bien né, l'historiographe du Querci le plus sincère et le plus ému.

En dehors de ce souvenir, le château de Mordesson possède deux phénomènes naturels que le touriste visite avec intérêt. D'abord un des plus beaux, je devrais dire peut-être le plus bel if qui soit en France. Ce magnifique végétal, qui fait l'admiration des botanistes, est une des sept merveilles du Quercí. Ceux qui lui donnent mille années d'âge le rajeunissent. Les générations, en se succédant, se transmettent depuis des siècles la tradition de son existence, mais elles ont entièrement perdu celle de son origine. Ses puissants rameaux sont chargés d'un feuillage si vigoureux et si touffu que jamais une goutte d'eau ni un rayon de soleil n'ont atteint le sol qu'il protége de son ombre. D'innombrables orages ont passé sur sa tête sans l'incliner ou la dépouiller. Si La Fontaine, qui faisait si bien parler les bêtes, eût demandé à l'arbre dix fois centenaire quel élément il redoutait le plus, le végétal eût répondu, comme les fiers Gaulois interrogés par Alexandre : « Je ne crains que la chute du ciel. » Aussi les convives qui, aux jours d'été, s'abritent sous sa riche couronne de verdure, voient sans émotion les nuages s'amonceler sur leur tête et entendent sans effroi les formidables mugissements du vent : la tempête les respecte sous l'if protecteur, dont les basses branches touchent le sol, et ils regardent passer, tranquilles et impassibles, une colère qui ne les atteint pas.

Le second attrait que possède Mordesson, celui-là plus remarquable et surtout plus précieux encore que son if vénérable, c'est une pièce d'eau naturelle, un lac de mille à douze cents mètres de superficie, où se réunissent les tributs de toutes les sources de ce côté du plateau calcaire, et où se repose sous les grands chênes une eau toujours fraîche et toujours limpide.

Vous, lecteurs, habitants des plaines, qui êtes accoutumés au spectacle, si doux à la vue, de nombreux cours d'eau serpentant au milieu des prairies et des bois qu'ils embellissent de toutes les grâces du printemps, vous êtes loin de crier au miracle en m'écoutant parler d'un lac, même naturel, et vous souriez, peut-être, de ma naïve admiration. Mais si vous viviez sur le plateau isolé du Lot, à des centaines de mètres d'élévation au-dessus des vallées inférieures du Querci, que des fleuves généreux enrichissent de leurs fécondantes eaux ; si vous fouliez ce sol toujours altéré et condamné par cela même à une éternelle pauvreté ; si vous étiez témoins de ce supplice de Tantale de tous les jours, qui n'est plus ici la vaine fiction des mythologues, mais une cruelle réalité ; si vous cherchiez vainement, pendant des heures, sur cette terre languissante et sans vie, le moindre filet d'eau pour la désaltérer et la ranimer, alors vous apprécieriez la valeur du trésor enviable de Mordesson, et vous vous réjouiriez comme moi à la vue de cette belle nappe d'eau qui, dans cette contrée, est le *rara avis* des anciens, la chose introuvable, le phénomène singulier.

Le lac de Mordesson s'étend au pied d'une colline qui relie le fond du vallon à la terrasse du château, assise dans une admirable position. Les pentes sont ornées de chênes de haute futaie, comparables pour la beauté et la vigueur de leurs tiges aux plus remarqués de la forêt de Fontainebleau. J'ajoute enfin, comme détail essentiel, que le trop plein du lac de Mordesson s'écoule dans la vallée qui, trois ou quatre kilomètres plus loin devient un profond ravin, et qui s'arrête au pied d'une haute muraille de granit, dont je vous ai parlé l'année dernière en vous décrivant le site si pittoresque appelé ici le *Saut de la Pucelle*.

Je n'ai pas oublié, lecteurs, que Mordesson n'est que la première étape de notre excursion d'aujourd'hui, et que je dois, non-seulement aller à Padirac, mais encore en revenir avant l'heure chronométrique de mon départ de Gramat : l'insensible et inexorable locomotive ne m'attendrait pas. Aussi mon compagnon et moi nous engageons-nous résolûment, et sans autre boussole que la marche du soleil, dans la région, déjà solitaire et qui va bientôt devenir sauvage, où Padirac s'isole du reste du monde.

Les premiers kilomètres de route que nous parcourons longent une succession de *vallées sans issues* où triomphent toutes les magnificences du paysage. Jamais le même plan ne se reproduit dans la perspective. Les lignes ondulent, se croisent, fuient, se redressent, se replient, s'enchevêtrent, dans la création de sites du pittoresque le plus gracieux, le plus imprévu. C'est un mamelon revêtu de gazon et que couronne un bouquet de hêtres séculaires; c'est un frais vallon d'où s'élancent de jeunes peupliers; c'est une source qui bruit, cachée dans les vignes; c'est un frais bocage sous lequel il semble que le soleil épaissit l'ombre et où le gai pinson répète incessamment son joyeux refrain; c'est un fouillis de verdure sans désordre et sans confusion, une charmante mosaïque où les lignes et les tons se combinent dans un ensemble plein d'harmonie, une séduction perpétuelle, un enchantement sans fin. Si le chemin que nous devons suivre nous réservait partout le même spectacle, la fatigue deviendrait pour nous, ce qu'était la vertu pour Caton dégoûté des hommes, un vain mot qui n'a pas de sens, et le temps poursuivrait sa marche sans marquer l'heure de notre départ.

Mais déjà le sol moins généreux se couvre d'une végétation plus uniforme. A l'argile grasse des prairies succède le gravier rougeâtre où ne croît guère que le châtaignier. Ce végétal envahit tous les points de la perspective et étale en tous lieux ses vigoureux rameaux. Nous faisons mille observations piquantes touchant les formes capricieuses et fantastiques qu'affecte le tronc de cet arbre si utile, fécond nourricier du peuple, dont le fruit abondant et savoureux est ici le luxe du riche et le pain du pauvre. Chemin faisant, nous suivons avec intérêt les diverses phases de la singulière existence de ce végétal précieux, depuis sa naissance jusqu'à sa mort.

Il semble que le châtaignier réalise la fable du phénix des Egyptiens qui mourait pour revivre et renaissait de ses cendres. Voyez ce vieil athlète de la montagne, oublié par l'industrie sur le plateau, à côté de ses congénères plus jeunes que lui : l'orage a dépouillé et meurtri sa tête, la tempête a brisé ses branches, la foudre l'a atteint au cœur, et l'insecte, s'acharnant sur ce squelette informe et mutilé, a creusé son tronc comme la pirogue de l'indien. Le voilà bien mort; mais le cadavre va revivre. Dans ses flancs ravagés une modeste racine a vu le ciel et s'est élancée vers lui avec l'ardent amour de la plante pour la lumière et l'air. Cet autre ne vit plus que par son écorce, mais cette écorce apporte toute la sève de l'arbre mourant au jeune rejeton qui s'est greffé sur lui, et qu'il protége encore de son tronc dénudé contre les brusques colères des éléments. Cet autre encore s'est infusé une sève plus jeune en se soudant à un tronc voisin qui lui communique une vie nouvelle et lui offre en même temps un élément de plus de force et de durée.

Aux châtaigneraies succèdent les bois de chênes, de ces chênes tenaces qui triomphent de l'inertie de la pierre et lui arrachent de force l'aliment qui les nourrit. Toute terre végétale a disparu. Le sol a gardé ici sa virginité des premiers jours de la création. Nous marchons sur une puissante couche de *lias supérieur*, appartenant au terrain de formation secondaire, dit *jurassique*, contemporain de la troisième époque géologique.

Nos pieds foulent les pages du magnifique poème de la nature primitive, écrit sur les innombrables fossiles dont est pétri le calcaire de la montagne. Ces mollusques pétrifiés, qui précédèrent l'homme dans la création de milliers de siècles peut-être, se présentent sur quelques points du Querci par couches compactes de 30 pieds d'épaisseur.

Ici même, dans les sentiers que nous suivons, ils sont nombreux et très variés de forme. Malgré la rapidité du temps qui nous presse de poursuivre notre excursion, nous nous arrêtons pour recueillir quelques-uns de ces coquillages fossiles, dont la conservation est si parfaite que l'on croirait aisément, si le poids de la pierre ne détruisait l'illusion, que l'animal qui s'abritait, il y a des millions d'années, sous sa cuirasse délicatement festonnée, est encore actif et vivant.

Les familles les plus nombreuses sur le point où nous sommes sont celles des gryphées, des peignes, des moules, des nautiles, des térébratules et des ammonites. Je recueille, entre autres, deux *pectens lucdunensis* de grandes dimensions, que l'on dirait formés d'hier et qui seront les deux pierrres d'attente de ma future collection.

Ces témoins d'un âge si près du chaos nous racontent, tout muets qu'ils sont, par la transformation si singulière de leur substance et la place qu'ils occupent dans l'ordre actuel des choses, les prodigieux phénomènes qui se produisirent à la surface de notre planète avant que son écorce, solidifiée par le refroidissement, échappât à l'action énergique et dissolvante du foyer central. Quels étranges cataclysmes ont pu détruire l'équilibre des éléments et bouleverser la terre et les mers, pour faire ainsi une masse solide, reliée au continent et élevée de quinze cents pieds au-dessus du niveau des eaux, de ce plateau du Lot où le long séjour de la mer est attesté par de nombreux dépôts fossiles de végétaux et d'animaux marins? D'autre part, quel miracle chimique a remplacé les molécules organiques du mollusque par des molécules calcaires, à travers la cuirasse hermétiquement close de l'animal? Quelle puissance et quel mode de pénétration ont ainsi violé les lois de la nature et changé une chair molle et sans consistance en une pierre tenace et compacte? Combien de temps a-t-il mis de siècles pour accomplir de tels prodiges?

Je ne me serais jamais senti aussi malheureux qu'en ce moment de ne pouvoir pénétrer ces grands mystères de la création, si j'avais le temps de me désoler. Mais il nous faut marcher sans repos ni trève, comme le Juif-Errant, pour atteindre Padirac, qui semble s'éloigner de nous à mesure que nous avançons. Depuis demi-heure déjà nous suivons des sentiers raboteux, impraticables, embarrassés de pierres qui préparent à nos pieds un lendemain fécond en ampoules. Nos têtes ne sont pas en meilleure situation. Le soleil, au zénith, nous envoie d'aplomb ses rudes caresses, qui nous rappellent brutalement le proverbe russe, un peu naturalisé partout : « qui aime bien châtie bien. » Nous ressemblons assez à des locomotives chauffées à toute vapeur.

Cependant nous atteignons le bassin de Padirac, où s'épanouit le dernier sourire de la nature, sur l'extrême limite du calcaire stérile et dénudé qui de là se prolonge jusqu'aux confins du plateau. Nous longeons en ce moment une belle prairie un peu ondulée où des noyers séculaires étalent de loin en loin leur somptueux feuillage, et qui fut, il y a cinq ou six ans, le théâtre d'une scène moitié tragique, moitié comique, dont je vous transmets le récit tel que me le fait M. Alayrac.

Un jour, le dernier descendant des seigneurs de Padirac, homme plein de sang-froid et d'énergie, aperçoit dans ce pré un bœuf, piqué sans doute par quelque mouche, qui poursuivait une toute petite fille. Prompt comme la pensée, il accourt, recommande à l'enfant de se cacher derrière le tronc d'un noyer, et, cassant avec la vigueur d'un centaure une grosse branche de l'arbre qui abrite la petite fille, il attend l'animal. Celui-ci, un peu inquiet de l'apparition subite d'un tiers, s'arrête, comme pour réfléchir sur le nouveau parti qu'il doit prendre ; puis, après une seconde d'indécision, il va droit à celui que son instinct lui révèle comme un ennemi. Alors, M. de Padirac, usant envers le bœuf d'un de ces moyens *moraux* que la jeune Italie, en bonne fille qu'elle est, se propose d'employer pour aller à Rome, lui assène entre les deux cornes un *merveilleux* coup de bâton qui l'arrête court et le décide aussitôt à virer de bord.

Quelques jours après cet événement, M. Alayrac visitait, en compagnie de M. de Padirac et d'autres personnes, ces mêmes lieux que nous parcourons aujourd'hui quand, d'un groupe de bœufs qui paissaient dans la prairie, un d'entre eux se détacha à l'approche des promeneurs et s'enfuit dans une direction tout opposée, comme s'il eût été possédé du diable. — Ah! ah! dit M. de Padirac, contant alors l'aventure à ceux qui l'accompagnaient, cet animal n'est pas aussi bête qu'il en a l'air ; il me reconnaît, et comme il se souvient de la rude leçon que je lui donnai il y a huit jours, il craint, en me voyant, d'en recevoir une semblable aujourd'hui.

Voici bien, à deux ou trois kilomètres devant nous, le bourg de Padirac, au fond du bassin dont nous contournons les bords depuis quelques instants. Mais, ce qui nous amène dans ces solitudes, le phénomène singulier qui, depuis des siècles, y attire le touriste, est loin du bourg, me dit M. Alayrac. Sur quel point de cette vaste commune est situé le *Puits de Padirac*? Mor. *cicerone*, un peu embarrassé de son rôle en ce moment, n'a pas des souvenirs absolument fidèles et redoute de commettre la même erreur qui valut à cet infortuné abbé Faria, enfermé au château d'If, l'amitié de Dantès, mais aussi la perte de ses espérances d'évasion.

Des deux ou trois chemins qui s'offrent à nous, quel devons-nous prendre? Heureusement, nous nous rappelons à temps le sage proverbe : « Qui langue a, à Rome va. » Nous nous informons auprès de quelques indigènes disséminés sur notre route, et d'informations en informations, nous réussissons à nous égarer complétement. Thésée n'eût pas mieux fait sans le secours du fil d'Ariane.

Depuis trois quarts d'heure nous suivons tous les sentiers, nous interrogeons tous les carrefours, qui ne nous font pas de réponse satisfaisante. Seul, le soleil s'occupe de nous et nous envoie des rayons dont on peut comparer les effets à ceux de la piqûre du taon sur les pauvres chevaux du coche. Enfin, nous imaginons un moyen d'arriver au but, que j'oserais appeler sublime, si je ne craignais de compromettre ma modestie. Nous hélons une villageoise qui soigne ses poules et la prions de nous conduire jusques au *puits de Padirac*.

On a eu vingt fois raison d'écrire que la Fortune sourit à tous les hommes, au moins une fois en leur vie. Cette femme laisse là sa basse-cour et ses pensionnaires, et répond à notre invitation avec un empressement qui nous attendrit. Et la Providence permet encore, par un excès de faveur que nous ne méritons pas, assurément, que cette ménagère soit une précieuse trouvaille. Elle est bavarde comme une pie et justifie on ne peut mieux la malice du satirique :

> Qu'une femme parle sans langue,
> Et fasse même une harangue,
>   Je le crois bien ;
> Qu'ayant une langue, au contraire,
> Une femme puisse se taire,
>   Je n'en crois rien.

Tandis que notre guide femelle nous raconte toutes les histoires et légendes qui enveloppent de mystère et de merveilleux le *puits de Padirac*, nous atteignons la partie du plateau la plus triste, la plus dénudée, la plus sauvage que nous ayons encore vue. Pas une cabane, pas un arbre, pas un brin d'herbe. Il semble que la malédiction divine se soit appesantie sur ce coin de terre, et que Celui à qui tout obéit ait dit aux saisons qui apportent avec elles dans la nature une espérance et un sourire : Voilà vos limites infranchissables ; vous n'irez pas plus loin. C'est un Sahara de pierre où la fatale illusion du mirage même n'a jamais trompé l'œil du voyageur.

Cette sévère mise en scène prépare l'âme aux impressions douloureuses et l'esprit aux images sombres. Tout à coup, notre guide nous arrête du geste et de la voix, et nous demande si nous n'apercevons rien encore d'extraordinaire ou de singulier. Nous cherchons vainement des yeux : aussi loin que peut s'étendre notre vue, le plateau, légèrement incliné, présente un plan très régulier, dont les lignes ne révèlent ni ne font pressentir nulle part un de ces prodigieux bouleversements du sol qui font la joie du touriste et l'étonnement du voyageur. Seulement, à un jet de pierre du lieu où nous sommes, une tâche noire apparaît à la surface du calcaire grisâtre, comme l'ombre portée par un nuage qui voilerait un instant l'éclat du soleil, et qu'un souffle d'air doit faire disparaître en même temps de la terre et du ciel.

Nous avançons de cinquante pas encore, et au commandement de notre Ariane, à qui nous obéissons comme des recrues à leur caporal, nous nous jetons à plat-ventre sur le sol ; alors, rampant comme des couleuvres l'espace de deux à trois mètres, nous atteignons le bord d'un gouffre dont l'aspect vertigineux nous explique aussitôt la position excentrique que notre guide nous a fait prendre.

Cette qualification de *puits*, vous le comprenez maintenant, lecteurs, n'est qu'une hyperbole outrée, et dénature la vérité en l'affaiblissant. Le site effrayant dont notre œil, rassuré par l'horizontalité de notre corps, examine avec curiosité les formes et les proportions, est un abîme exactement circulaire de cent-cinq pieds de diamètre et de cent-soixante-deux pieds de profondeur.

Ce qui rend vraiment inconcevable et inexplicable l'existence de ce phénomène sur ce point du plateau du Lot, c'est qu'il ne se rattache à aucune de ces séries de déchirures, d'ébranlements ou de ruptures qui dénoncent habituellement le voisinage des gouffres. Une seule hypothèse est admissible pour expliquer la formation de celui-ci. Il faut supposer qu'un lac souterrain, situé à de grandes profondeurs et n'occupant précisément que la superficie indiquée par l'orifice du *puits de Padirac*, après avoir rongé et dissous la base du rocher qui en comblait le vide, l'entraîna dans l'abîme qu'il avait creusé, tandis que le reste du plateau restait immobile sur le solide point d'appui qui le soutenait.

Du reste, on ne peut douter de la présence des eaux souterraines dans la région dont le *puits* de Padirac occupe le centre. Nous prêtons l'oreille et nous entendons très distinctement le bruit précipité de l'eau tombant en gouttes de pluie au fond du gouffre. A part ce témoignage irréfragable, nous ne voyons rien. Plusieurs passages qui correspondent avec l'abîme et pénètrent profondément sous la montagne, absorbent l'eau à mesure qu'elle y arrive.

Le sol du *puits* de Padirac est couvert d'une couche de pierres, épaisse de plusieurs mètres, déposée de siècle en siècle par les nombreux touristes qui s'amusent à réveiller les échos du gouffre.

Malheureusement, ce ne fut pas toujours des projectiles innocemment lancés par la main des curieux qui troublèrent dans leur retraite inviolable les corneilles qui en ont fait l'asile où elles déposent la dîme prélevée sur les champs voisins. Il y a sept ou huit ans, un infâme suborneur, rebuté par la jeune fille qu'il poursuivait vainement de ses séductions, attendit sa victime pendant une nuit sans étoiles, tout près du puits de Padirac, abusa d'elle, et ne se fiant plus après ce crime odieux qu'à la discrétion de la tombe, il la précipita dans l'abîme.

Dix années avant cette époque sinistre, deux amants qui paraissaient s'aimer d'amour tendre, étaient venus à Padirac du fond du département du Cantal. Le jeune homme prodiguait les attentions et les prévenances à la gracieuse fiancée qui allait bientôt le rendre père. Mais le misérable préméditait, sous ces dehors hypocrites, de se débarrasser par un abominable forfait de celle dont il avait séduit la bonne foi et trahi l'honneur. Arrivé sur le bord du gouffre, il prit la main de la jeune fille comme pour l'aider à contempler de plus près le curieux spectacle qui les amenait en ces lieux, et tandis qu'elle se penchait sans défiance sur le vide, il retira le bras qui soutenait l'infortunée, et s'enfuit.

On respire ici une atmosphère chargée de terreurs, de désespoirs et de crimes. Et ne pensez pas, lecteurs, que ce soit la légende et ses prestigieux mensonges qui raconte les sombres tragédies dont le *puits de Padirac* fut le théâtre ou le témoin. La sèche et brutale chronique des cours d'assises les enregistra plus d'une fois.

Sur la lisière de ce bois que nous apercevons des bords du gouffre, une croix de pierre indique la place où, il y a quelques années, un homme, qui expia sur l'échafaud le plus méprisable des crimes, entraîna une pauvre fille, la déshonora, puis l'attacha à un arbre et, en vrai cannibale, en vraie bête fauve, l'écorcha, la mutila et fit de son corps des lambeaux sans forme et sans nom.

L'indigène qui nous conduit, nous montre la place d'où une jeune fille, fatalement poussée par le désespoir d'un amour déçu, se précipita dans le gouffre, où son cadavre devint la pâture des oiseaux de nuit. Le beau-frère de cette même femme qui nous accompagne, éprouva un sort moins cruel, il y a trois ans, dans une aventure à peu près semblable. Un peu mécontent de la Fortune, il voulut, comme tant d'autres qui l'avaient précédé dans la voie absurde et criminelle du suicide, profiter des facilités qu'offre aux habitants du pays le gouffre de Padirac.

Mais la Providence permit qu'il s'élançât dans le vide du côté du précipice qui regarde le midi. Or, sur ce point seulement, la paroi tout-à-fait perpendiculaire du gouffre, est tapissée, grâce à la généreuse influence du soleil, de jets vigoureux de ronces et de lierre, qui reçurent le malheureux comme dans un réseau, à quinze mètres du sol. Il y resta trois jours, suspendu entre la vie et la mort, n'osant faire le moindre mouvement, de crainte d'être précipité au fond de l'abîme, et ne vivant littéralement que de l'air du temps. Très heureusement, les clochettes d'un troupeau de chèvres lui révélèrent, après cette cruelle échéance, le voisinage d'un berger. Il l'appela de toutes les forces d'une voix éteinte et d'un estomac délabré, et eut la chance précieuse d'être entendu. Le berger prévenu amena des renforts, et apporta des cordes à l'aide desquelles on retira des bras de la mort l'imprudente victime qui l'avait si aveuglément invoquée.

Vous devinez, lecteurs, combien ces funestes souvenirs, ces drames sanglants, et, par-dessus tout, l'aspect éternellement menaçant et sinistre du gouffre de Padirac inspirent de terreur aux habitants de la contrée. Nul n'oserait s'aventurer de nuit dans cette région dangereuse, qui n'a ni routes ni sentiers tracés, et où un instant de distraction ou d'oubli peut être si fatal au voyageur égaré. Il craindrait, d'ailleurs, qu'un lâche ennemi, poussé au crime par la haine, la vengeance, la convoitise ou toute autre des sauvages passions qui agitent et déshonorent l'humanité, ne s'embusquât près du précipice pour lui donner une mort dont le hasard seul serait accusé.

Tout contribue, du reste, à entretenir ici dans les esprits un effroi que la femme qui nous accompagne n'essaie pas même de dissimuler. La tradition, la légende, l'histoire, les préjugés, la crédulité ignorante concourent au même résultat et produisent les mêmes effets.

Quand fut commis le dernier crime dont le dénoûment eût pour théâtre le *puits de Padirac*, — cette fille violée et précipitée dans l'abîme, — la justice dut se transporter sur les lieux et procéder à une enquête. Il fallut d'abord aller recueillir au fond du gouffre le corps de la victime assassinée. Pour cela, on établit un système de poutres et de poulies tel qu'on le pratique d'ordinaire dans les puits d'extraction des mines.

Cette solennelle descente des magistrats au fond du gouffre de Padirac fut un événement considérable pour le pays ; et ce qui le rendit particulièrement intéressant, c'est que dame Justice, qui est une très bonne reine — chacun sait ça — permit aux curieux de se servir des moyens d'exploration préparés pour elle. Les Padiraquais les plus courageux et même quelques Padiraquaises qui ne le cédaient en curiosité ni à leurs frères, ni à leur maris, profitèrent de la gracieuse permission qu'on leur accordait et purent ainsi visiter, une fois en leur vie, le mystérieux asile des corneilles et des hiboux.

L'indigène qui nous accompagne fut, elle aussi, de la mémorable descente dans le précipice. Pourvue, comme ses hardis compagnons, de la torche qui devait en éclairer les sombres profondeurs, elle se livra un peu tremblante à l'audacieux cabestan qui lui fit traverser le vide. Quel saisissement et quelle émotion s'emparèrent d'elle en touchant le sol, en présence de la fantastique apparition qui vint s'offrir à ses yeux effrayés! Une lourde arcade, dont nous apercevons d'en haut le cintre surbaissé, donne entrée, tout au fond du gouffre, dans une immense caverne à stalactites, dont les cristallisations de spath trièdre font miroiter à la lueur mobile des flambeaux leurs prismes éblouissants. Mais notre guide, dont ce spectacle inattendu avait frappé l'imagination et troublé les sens, ne vit, au lieu de ces concrétions calcaires, qu'un animal hideux de forme, gigantesque de proportions, terrifiant d'aspect, et dont le corps, d'un rouge de sang, se terminait par un immense appendice qui ne pouvait et ne devait être que la queue du diable.

Il est vrai que l'arcade dont je viens de parler, et qui fait communiquer entre eux la caverne et le gouffre, fut toujours appelée par la légende la *porte du diable*. L'ange de lumière devenu l'ange des ténèbres après sa rébellion et sa chute pénétra dans les enfers par ce passage maudit. Un témoignage plus irrécusable encore atteste, d'ailleurs, qu'ici même se dénouèrent les destinées de Satan. Il m'est donné de voir en ce moment, sur les bords du gouffre de Padirac, l'empreinte qu'a laissée sur le rocher le sabot du cheval que montait dans sa fuite l'archange déchu.

C'est tout un nouveau chant à ajouter au *Paradis perdu* de Milton, cette merveilleuse création du génie puritain anglais si éloquemment commentée en ce moment par M. Gustave d'Hugues, dans ses spirituelles et savantes leçons de littérature étrangère. En voici le sommaire, que je livre aux Miltons futurs, afin que leur muse s'en inspire et chante la gloire de Padirac.

L'orgueilleux Satan est vaincu par les esprits restés fidèles à Dieu. L'Eternel, irrité, le chasse des célestes demeures, et commande à l'archange Gabriel de précipiter le rebelle dans les sombres abîmes de l'enfer. En vain Satan veut échapper au sort redoutable qui le menace. Il dévore l'espace et franchit les mondes, sans cesse poursuivi par l'inexorable agent des colères divines.

A mesure que l'ange devenu démon descend du ciel, la vertu d'en haut l'abandonne, et ses forces décroissent rapidement. Son énergie s'épuise dans cette fuite ardente et sans trève, qui ne lui laisse pas d'espoir.

C'est ainsi que Satan arrive sur notre planète, aspirant à goûter un peu de repos. Mais l'archange le presse de son épée flamboyante et l'oblige à fuir encore, à fuir toujours. Une nouvelle torture vient se joindre aux tourments du réprouvé. Le globe terrestre traverse justement cette période de formation pendant laquelle, par l'effet de sa chaleur propre, son écorce bouillonne comme les laves d'un volcan. Satan y brûle ses pieds et y détériore ses ailes de séraphin, que rappelleront un jour celles du fils d'Icare.

Cet avant-goût du supplice de l'enfer déconcerte le pauvre Diable, qui ne sait plus comment échapper à sa cruelle situation, quand il avise un cheval pur-sang, arabe comme la contrée qui l'a vu naître. Satan l'enfourche sans délibérer, comptant échapper enfin à son implacable ennemi. L'animal indompté frémit sous le fardeau qui déshonore sa croupe, et part comme si le diable l'emportait, tandis que c'est au contraire lui qui l'emporte.

Le détroit de Gibraltar ne joint pas la Méditerranée à l'Océan. L'Afrique et l'Europe ne forment qu'un seul continent. Cheval et cavalier quittent l'Arabie Pétrée et franchissent les plaines, les vallées, les fleuves et les montagnes. L'éclair n'est pas plus rapide, le torrent plus impétueux.

Cependant l'archange Gabriel s'acharne après eux et les suit toujours. Ils atteignent les Pyrénées et passent, tournent Toulouse qui n'existe pas, traversent le Tarn, l'Aveyron et le Lot, pénètrent en Querci, en gravissent le plateau escarpé et arrivent à Padirac. FATALITÉ!! Le gouffre s'ouvre béant devant eux et menace de les engloutir!

Que feront-ils? Comme un gentleman-riders qui tente le saut des barrières, Satan enlève sa monture par une vigoureuse pression des jarrets et l'excite de la voix. L'animal bondit sous les talons du diable et franchit l'abîme. Deuxième et dernière fatalité! le rocher s'effondre sous les pieds de derrière du cheval, qui s'abat... et patatras! Satan tombe au fond du gouffre, où il se rompt l'épine dorsale.

C'en est fait; l'ange du mal est vaincu sur la terre, comme il l'a été dans le ciel. Honteux de sa défaite, la rage au cœur, la malédiction sur les lèvres, Satan fuit la lumière du jour qu'il exècre, et, s'enfonçant dans les entrailles de la terre, par cette caverne dont on aperçoit l'entrée au fond du *Puits de Padirac*, il va expier dans le séjour des lamentations sans fin son crime envers Dieu.

Ici, lecteurs, s'arrête ma promenade de quarante-huit heures dans le nord-est du Querci. J'ai voulu me donner le plaisir de la faire une seconde fois avec vous, en vous en décrivant les sites et en vous en racontant les péripéties. Il ne manquerait absolument rien à ma joie si je justifiais à vos yeux le vers si ingénieux et si vrai du poète latin, de Publius Syrus, si je ne me trompe, comparant un agréable compagnon de route à un véhicule qui nous promène sans nous lasser :

Comes facundus in viâ pro vehiculo est.

www.ingramcontent.com/pod-product-compliance
Lightning Source LLC
Chambersburg PA
CBHW070520100426
42743CB00010B/1888